Eric Butterworth

Im Strom des Lebens

FRICK VERLAG
PFORZHEIM

Titel der Originalausgabe: In the Flow of Life

Aus dem Amerikanischen übersetzt von
Felicitas Jung

Erste Auflage 1995,

1. bis 2. Tausend

Herausgegeben mit Genehmigung
der Unity School of Christianity, Unity Village, MO., USA,
im FRICK VERLAG GmbH, Postfach 447, D-75104 Pforzheim.

Druck: CH-Druckerei, Regensburg
ISBN 3-920780-56-6

Eric Butterworth • Im Strom des Lebens

Inhaltsverzeichnis

Vorwort zur Neuauflage 1994

Vor zwanzig Jahren kam in wissenschaftlichen Abhandlungen, psychologischen Zeitschriften und in den Gesprächen der Leute auf der Straße ein Wort in Mode. Das Wort war *Strom.* Es wurde in vielen Zusammenhängen gebraucht, von der eher esoterischen Vorstellung eines Universums „in Bewegung“ bis zum persönlichen Kommentar über die menschliche Lage: „Ich bin wirklich im Strom!“ Und es erreichte einen launigen Höhepunkt in einer Karikatur im *New Yorker*, in der zwei Damen der Gesellschaft abgebildet waren, die neben einem lebensgroßen Porträt einer offenbar „herausragenden Persönlichkeit“ standen. Die Überschrift lautete: „Und ich sagte zu meinem Mann: ‘Geh mit dem Strom!’, und er ging.“

Aber diese Einsicht in den „Strom des Lebens“ ist keine lachhafte Angelegenheit. Sie ist die Erklärung und das Zur-Sprache-bringen eines grundlegenden Lebensvorganges im Universum.

Es ist mir nicht möglich, in Erfahrung zu bringen, ob das Thema dieses weithin gelesenen Buches (zuerst 1975 veröffentlicht) zu dieser „Mode“ beigetragen hat oder ob mein Denken durch sie beeinflußt wurde. Ich weiß aber, daß dieses Konzept des Lebensstromes und Ausdrücke wie „Geh mit dem Strom“ seit mehr als einem halben Jahrhundert ein konstantes Thema in meiner Lehrpraxis gewesen sind. Aber wie die Idee auch zustande kam, sie ist eine wichtige Entdeckung auf der Verständnissuche eines jeden, der die Wahrheit sucht.

Es ist mir eine Freude, der Neuauflage von *Im Strom des*

Lebens dieses Vorwort hinzuzufügen, und sei es auch nur, um meiner großen Begeisterung für das Studium des grundlegenden „Stroms des Universums" nochmals Ausdruck zu verleihen. Geben Sie gut auf den Leitsatz Plotins acht, der besagt, daß man, wenn man so strömt wie das Leben, keine andere Kraft braucht. Alles ist schlecht, was den Strom kreativen Handelns blockiert, und alles ist gut, was mit dem Universum strömt. Es wird Ihnen von Nutzen sein, in Ihrer praktischen Ausübung der Wahrheit mit diesem Leitsatz zu arbeiten. Er könnte der wichtigste Einfluß in Ihrem Leben sein.

Mit einer Objektivität, die die inzwischen verstrichene Zeit erlaubt, habe ich das Buch selbst wiedererlebt, dieses Mal als ein Lernender – was ich ganz gewiß bin. Ich finde die Botschaft hilfreich und von extremer Bedeutung für das Leben in der heutigen Welt. Eine ernsthafte Anstrengung, die Prinzipien des „Lebensstromes" anzuwenden, tut große Dinge für mich. Und ich habe aufrichtig das Gefühl, daß sie auch für Sie Wunder bewirken wird.

In unserer praktischen Arbeit im Unterricht mit diesem Thema haben wir bei der Meditation einen mantraähnlichen Gesang benutzt: „Ich bin im Strom des Lebens, ich bin, ich bin, ich bin, ich bin; ich bin im Strom des Lebens." Nachdem wir dies ein paarmal wiederholt haben, machen wir es persönlich bedeutsamer, indem wir singen: „Ich bin der Strom des Lebens, ich bin der Strom des Lebens, ich bin, ich bin, ich bin, ich bin; ich bin der Strom des Lebens."

Ich wünsche Ihnen viele gute Tage bei Ihrem Abenteuer in der Wahrheit... und „gehen Sie mit dem Strom".

Eric Butterworth
New York City, New York, Juni 1993

Einleitung

Um den Leser dazu zu bringen, nach der ersten Seite noch weiterzulesen, geht man normalerweise davon aus, daß ein Buch das Versprechen nützlicher Information geben sollte. Warum sollte ein Buch geschrieben und veröffentlicht werden, wenn nicht, um zu informieren? Es kann viele Gründe geben. Dieses Buch zum Beispiel wurde nicht geschrieben, um zu informieren, sondern, um herauszubilden. Damit meine ich, daß ich mich nicht damit befasse, Ihnen Ideen einzugeben, sondern damit, Ihr 'Überbewußtsein' zu wekken, in dem ein Wissen um alle Dinge existiert.

Information ist Wissen, das man durch Anleitung von außen erhält. 'Herausbildung' ist Weisheit, die durch Intuition entfaltet wird und in unserem Körper und in unseren Angelegenheiten Gestalt annimmt. Ich hoffe, Ihr Bewußtsein durch einige nützliche Einsichten anzuregen. Eine Einsicht ist jedoch wie die Nahrung, die man ißt. Um zu Energie zu werden, wird die Nahrung durch den Prozeß des Stoffwechsels verwandelt. Wir werden nicht zu der Nahrung, die wir essen; sie verwandelt sich in einen Bestandteil von uns.

Mein Ziel ist nicht, die „Perlen der Weisheit" aus diesen gedruckten Seiten in Ihr Bewußtsein zu übertragen. Die mitgeteilten Einsichten, von denen ich glaube, daß sie nützlich sein werden, müssen in ein bewußtes Empfinden des Stroms des Schöpfungsprozesses umgewandelt werden. Jemand könnte sich jedes Wort dieses Buches einprägen und in der Lage sein, es auswendig, Abschnitt für Abschnitt, zu wiederholen, und am Ende hätte er einen überladenen Geist und möglicherweise sogar, wie Charles Fillmore es ausdrückte, eine unangenehme Erfahrung von „metaphysischer Verstopfung“.

Es ist ein weitverbreiteter Beweggrund, nach Information Ausschau zu halten, durch die man die Dinge in Ordnung bringen kann. Der Mensch ist jedoch nicht in der Welt, um sie in Ordnung zu bringen, sondern um sie richtig zu sehen. Jesus sagte: *„... das Himmelreich ist nahe herbeigekommen“* (Matt. 3:2), aber es ist richtiges Sehen, welches der Schlüssel zu seinem Erleben ist. Tatsächlich führt richtiges Sehen zu einer konkreten ‘Herausbildung’ desselben.

Ein Ratschlag: Lesen Sie dieses Buch nicht, als wäre es ein Roman, selbst wenn sein novellistischer Ansatz Sie zum Weiterlesen verlockt. Die hierin enthaltene Information kann man leicht bei einmaligem Durchlesen erfassen. Aber die Herausbildung und Ausgestaltung in Ihrem Leben, die hervorzurufen beabsichtigt ist, kann ein ganzes Leben lang dauern. Machen Sie häufig Pausen, um nachzudenken und zu meditieren, geistig zu verdauen.

Ich beschäftige mich nicht mit Religion in theologischem Sinne, sondern mit der Transzendenz des Lebens. Daher habe ich nicht den Wunsch, Sie zu ‘bekehren’ oder zur Konversion zu bewegen. Paulus sagt: *Laßt nicht die Welt um euch herum euch in ihre eigne Form pressen, sondern laßt Gott euren Sinn von innen her umformen* (Römer 12:2)[1]. Wenn Sie nur in den Strom des Alls in Ihnen hineinkommen können, werden Sie eine Unmittelbarkeit der Gegenwart Gottes und eine Klarheit des Geistes erleben. Dies ist es wahrscheinlich, was Jesus im Sinn hatte, als Er sagte: *„Selig sind, die reinen Herzens sind; denn sie werden Gott schauen“* (Matt. 5:8).

Das Wort „Auge“ kommt von einer Sanskrit-Wortwurzel her, die „Quelle“ bedeutet. Das ist auf schöne Weise bedeutsam, denn wenn Ihr Geist von innen umgeformt wird, sind Sie synchron mit dem allgegenwärtigen Strom Gottes, der im Akt des Sehens herausströmt. Sie sehen aus dem Bewußtsein Gottes heraus. Daher projizieren Sie in Wirklichkeit dieses Bewußtsein auf alles, was Ihr Auge wahrnimmt.

> Mensch, was du liebst, in das wirst du
> verwandelt werden:
> Gott wirst du, liebst du Gott, und Erde,
> liebst du Erden. *Angelus Silesius*

Was man sieht, das wird man, aufgrund des Herausbildungsprozesses des Geistes. Also können Sie jetzt vielleicht verstehen, warum ich nicht daran interessiert bin, Sie bloß über die Wahrheit zu informieren, sondern daran, Sie zu einem Bewußtsein für den dynamischen Strom des Lebens zu wecken, damit Sie in jeder Phase Ihres Lebens eine progressive Ausgestaltung dieses Stromes auf schöpferische und dynamische Art und Weise erfahren mögen.

1. Kapitel

Leben von innen nach außen

Sie sind dabei, sich auf eine Abenteuerreise in die innere Welt des Geistes einzulassen. Es könnte die wichtigste Reise im Bewußtsein sein, die Sie je unternommen haben. Sie sollte inspirierend sein. Es ist beabsichtigt, daß sie eine Herausforderung für Sie darstellt. Sie mögen sie auch beunruhigend finden.

Wenn Sie eine festgelegte Meinung über die Wirklichkeit des Lebens haben, einen „aus Gewohnheit gewonnenen" Satz von Überzeugungen, dann werden Sie vielleicht umkehren wollen; denn jede Ihrer festgefügten Ansichten wird herausgefordert werden. Ihre ganze Welt wird auf den Kopf gestellt und von innen nach außen gekehrt werden. Aber am Ende, wenn Sie durchhalten, bis Sie den Anschluß finden, werden Sie eine neue Lebensperspektive gewinnen, die zu einer neuen Erfahrung des Lebens führen wird.

Man hat gesagt, der Anfangspunkt geistiger Erkenntnis sei ein richtiges Verständnis jenes Einen, der als der Allmächtige bezeichnet wird. Aber wie können wir in einer Welt von so breiter Verschiedenheit Einheit verstehen? Wie können wir den Einen erkennen, ohne in eine Dualität zu verfallen, die zwei impliziert?

Es gibt viele Definitionen Gottes, aber keine, die ganz so einsichtsvoll wäre wie diese: *Gott ist eine Sphäre, deren Zentrum überall und deren Peripherie nirgends ist.* Es ist kein Bild, das gezeichnet werden kann. Tatsächlich sollte es dazu dienen, das Denken von der Tendenz abzubringen, sich ein anthropomorphes Sein vorzustellen.

Eine Sphäre, deren Zentrum überall ist? Unmöglich! Doch halt: wenn das Zentrum überall ist, dann muß es da sein, wo ich bin. Könnte dies die Bedeutung von Allgegenwart sein? Ein Punkt des Lebens und des Lichts, überall gegenwärtig als jeder individualisierte Ausdruck? Wenn das wahr ist, dann bin ich das Zentrum Gottes. Es ist ein gewagter Gedanke mit dem Unterton des Sakrilegs. Und doch, kann ein geographisches Zentrum in einem dynamischen und expandierenden Universum auf andere Weise lokalisiert werden? Jeder Punkt in dieser Sphäre, die Gott ist, ist so ein Hervorsprudeln des unendlichen Lebensstromes.

Was ist das Eine, das wir Gott nennen? Es ist kein *Einer* irgendwo dort draußen, der das Universum beherrschte wie ein abwesender Gutsherr. Es ist *das Eine*, das Ganze der Dinge, die Allheit, von der und in der ich eine *Jeweiligkeit* bin. Egal, was ich meiner Meinung nach bin, ich bin das Hervorströmen des Einen.

Ich bin, an der Oberfläche, einzigartig und verschieden. Es kann keine andere „Jeweiligkeit" geben, die ganz so wäre wie ich. Und doch habe ich keine Existenz außerhalb des Ganzen. Meine Jeweiligkeit kann nie von der Allheit getrennt werden, die Gott ist. Die Griechen sagten: „Mensch, erkenne dich selbst." Ich kann das Eine nur erkennen, wenn ich mich selbst als die Selbst-Lebendigkeit des Einen erkenne. Aber ich kann mich nur wirklich selbst erkennen, wenn ich erkenne, daß ich „im Strom des Lebens" bin.

Untersuchen wir die vorherrschenden Meinungen über diese Sache, die man das Leben nennt. Es gibt zwei grundlegende Ansichten: (1) Wir kommen in die Welt als leere Geschöpfe, die ins Leben hinausgehen, um erfüllt zu werden. Das Leben ist für uns zu jeder Zeit die Summe dessen, was uns widerfahren ist und was wir an Weisheit, Erfahrung oder Dingen sammeln konnten. (2) Wir kommen in die Welt als lebendige Seelen von unbegrenztem Potential, das entdeckt und freigesetzt werden soll, denn das Leben wird von innen nach außen gelebt.

Die erste Ansicht ist durch alle Zeitalter hindurch vorherrschend gewesen. Jeder Mensch hat bis zu einem gewissen Ausmaß ihre Prägung verspürt, denn es ist die „Weisheit der Welt". Subtil, aber bestimmt werden wir dazu trainiert, uns das Leben als eine Erfahrung des „Bekommens" vorzustellen. Uns wird wie buddhistischen Mönchen das psychologische Gegenstück zu der kleinen Bettelschale gegeben, mit der wir in die Welt hinausgehen sollen, um von unseren Eltern, unseren Schulen, unserer Religion und unserer Arbeit die „Gaben Gottes" zu suchen. Egal, wonach wir hungern oder was wir uns wünschen, wir gehen ausnahmslos „dort draußen" um Erfüllung betteln. Paulus schien es besser zu wissen: *„[Ich] erinnere... dich daran, die Gnadengabe Gottes anzufachen, die... in dir ist*" (II. Tim. 1:6).

Sören Kierkegaard, Begründer des Existentialismus, wurde stark beeinflußt von seiner eigenen Vision des inneren „Stroms". Er sprach von einem Araber in der Wüste, der plötzlich eine Quelle in seinem Zelt entdeckte, die einen beständigen Strom von Wasser in Fülle bot. Und er sagt, daß wir dasselbe Gefühl der Sicherheit und des Wohlbefindens haben, wenn wir uns nach Jahren einer 'außenbestimmten' Lebensführung, in denen wir gedacht haben, daß sich das Glück da draußen einstelle, schließlich nach innen wenden und die Quelle im Innern entdecken.

Es stimmt wahrscheinlich, daß der Durchschnittsmensch

versucht, sein Leben von außen nach innen zu leben. Das Leben ist für ihn beinahe völlig durch das bestimmt, was ihm zustößt oder um ihn herum geschieht. Frage ihn: „Wie geht es dir?“, und er zögert zu antworten, bevor er die Nachrichten des Tages konsultiert, den Börsenkurs überprüft, den Wetterbericht gehört oder die Stimmung seiner Familie oder seiner Büromitarbeiter eingeschätzt hat. Sein Leben ist so gut wie vollkommen ‘außengelenkt’. Und er ist in das Dilemma verwickelt, ob er sich der Welt draußen anpassen oder sein Leben damit verbringen soll, ihr Widerstand entgegenzusetzen.

Die große Wahrheit, die von den Mystikern aller Zeiten gelehrt wird, ist diese: *Das Leben wird von innen nach außen gelebt.* Das bedeutet, daß das ganze Universum an dem Punkt konzentriert ist, wo Sie sich befinden. Mehr als das – Sie sind das Universum, das sich als Sie ausdrückt. Sie sind sein Lebensunternehmen. Es steht auf immer mit seinen vollen Ressourcen hinter Ihnen. Die Fülle dieser universellen Unterstützung kommt jedoch *durch* Sie und nicht einfach *zu* Ihnen. Das tiefste Wissen, das Sie erlangen können, ist, daß Ihre ganze Existenz unerschöpflich aus einem universellen Prozeß hervorfließt, der immer von innen nach außen geht.

Wie weitverbreitet und tief eingewurzelt ist die Meinung, daß wir ewig im Wettbewerb mit Menschen und im Konflikt mit der uns umgebenden Welt stehen! Unsere Ängste, unsere Abneigung, unser Zorn, selbst Kummer kommen nur zu uns, weil wir das Gefühl haben, daß die Instabilität des Lebens in der Welt eine Bedrohung für unsere Existenz in ihr darstellt. Jesus gab die Antwort: *„... das Reich Gottes ist in eurer Mitte“* (Luk. 17:21). Das ist eine absolut erstaunliche Vorstellung. Unglücklicherweise haben wenige die damit verbundenen Implikationen erfaßt, da sie sie als eine Ratenzahlung in die Bettelschale ansehen.

Was ist dieses geheimnisvolle Reich? Es ist der Brennpunkt des Universums, der auf dem Menschen liegt, und der Strom des Universums in ihm. Das wird unmißverständlich klargemacht, wenn Jesus sagt: *„... es hat eurem Vater gefallen, euch das Reich zu geben"* (Luk. 12:32). Mit anderen Worten, es gibt ein Verlangen im Herzen des Universums, in alles einzuströmen, was geschaffen worden ist, und es zu vervollkommnen. Dies ist die Grundlage aller Heilung und jedweden Erfolgs und Überwindens. Das Reich im Innern ist der Bereich der Allmacht, der Allsubstanz, des All-Lebens, der All-Liebe und des Allfriedens. Jesus sagte: *„Sorget euch nicht um euer Leben... Suchet vielmehr zuerst sein Reich..., dann werden euch alle diese Dinge hinzugefügt werden"* (Matt. 6:25,33). Mit anderen Worten: Tritt ein in den Strom, und du wirst alles erhalten, was du dir wünschst oder was du brauchst.

Dies ist gar keine neue Vorstellung. Sie war auch bei Jesus nicht neu. Im fünften Jahrhundert v. Chr. lehrte Heraklit, ein griechischer Philosoph: *Alles ist im Fluß... nichts steht still* 1). Und ein volles Jahrhundert früher, im alten China, lehrte Laotse, daß der menschliche Geist seine Quelle in dem göttlichen Springquell habe, dem gestattet werden müsse, den Menschen frei zu durchströmen. Er glaubte, daß jeder, der fließt, „wie das Leben fließt", das Rätsel der menschlichen Existenz gelöst habe und keine andere Kraft brauche. Er empfand, daß alles schlecht sei, was den Strom kreativen Handelns blockiert, und alles gesund, was mit dem Universum strömt.

Es ist diese Vorstellung des „Stroms", die Emerson eine Sonderstellung verleiht und ihn zu Amerikas einflußreichstem Essayisten macht. Akademiker wissen nie, was sie mit ihm anfangen sollen. Die Etiketten „Religiöser Schriftsteller“ oder „Philosoph“ passen nicht ganz auf ihn, also wird er als Transzendentalist bezeichnet. Aber mit welchem Begriff man ihn auch benennt, man darf ihn nicht ignorieren. Hier ist ein guter Grund:

> Es gibt ein Prinzip, das die Grundlage der Dinge ist, das alle Rede auszusagen und alles Handeln zu entwickeln zum Ziel hat, eine einfache, ruhige, unbeschriebene, unbeschreibliche Gegenwart, die sehr friedlich in uns wohnt, unser rechtmäßiger Herr: wir sollen nicht tun, sondern tun lassen; nicht arbeiten, sondern an uns arbeiten lassen; und zum Zwecke dieser Huldigung gibt es eine Übereinstimmung aller nachdenklichen und gerechten Menschen in allen Zeiten und Umständen. Zu dieser Empfindung gehören riesige und plötzliche Kraftvergrößerungen. ... Wir werden uns eines Tages mit dem wirklichen Sein beschäftigen müssen – Essenzen mit Essenzen. 2)

Emerson konnte nicht verstehen, warum wir das Leben zu einem solchen Problem machen, indem wir den Zustrom des Guten vereiteln. Er sagte: „Unser Leben könnte viel leichter und einfacher sein, als wir es machen; die Welt könnte ein glücklicherer Ort sein, als sie es ist; es besteht keine Notwendigkeit für Kämpfe, Erschütterungen und Verzweiflungen, für Händeringen und Zähneknirschen. Wir mißschaffen unsere eigenen Übel. Wir stellen uns der Natur in den Weg.“ 3)

In meinem Buch *„Unity of All Life“* 4) erzähle ich die

Geschichte von einem Mann, der eines Abends in brütendem Nachdenken an seinem Schreibtisch saß, nachdem er von einer Firma, der er mehr als zwanzig Jahre gedient hatte, seine schriftliche Entlassung erhalten hatte. Er dachte verzweifelt über die Schwierigkeit nach, in seinem Alter eine neue Stellung zu bekommen, über die unmögliche Aufgabe, von seinem Einkommen zu leben, und über den Schock zu fühlen, daß er nicht mehr gebraucht wurde, daß er nutzlos, fertig, erledigt war.

Er nahm eine Spinne auf dem Schreibtisch wahr und fegte sie unbewußt mit der Hand hinunter. Plötzlich beobachtete er mit ehrfürchtigem Staunen, wie das winzige Geschöpf automatisch einen Faden spann, der sein Gewicht tragen konnte, und anmutig auf den Boden herunterschwebte. Er begann sich zu fragen: Wenn dieses winzige Geschöpf in die Strömung eines geheimnisvollen Hilfsmittels gelangen und so kreativ mit seiner Krise umgehen konnte, warum konnte er dann nicht dasselbe tun? Die Antwort kam auf dramatische Weise: Er mußte aus seinem eigenen natürlichen Strom herausgeraten sein, oder diese Situation hätte ihm nicht begegnen können. Die Tatsache, daß er so verstört von ihr war, bewies, daß das stimmte. Wenn er sich jetzt im Bewußtsein auf den Strom einstimmte in der Erkenntnis, daß sein Gutes nicht *zu* ihm, sondern *durch* ihn kam, würde ihm das vielleicht nicht seine Stellung zurückbringen, aber es würde ihn ganz gewiß unausweichlich zu etwas Besserem weiterführen.

Mit einem neuen Bewußtsein für den Strom und in seinen geistigen und körperlichen Prozessen mit dem Strom synchronisiert, machte sich der Mann auf die Suche nach neuer Sicherheit und Kreativität.

Er hatte sich immer nach der Gelegenheit gesehnt zu

schreiben. Jetzt war seine Chance, und er schrieb! Nicht, daß er ein Hemingway wurde, aber er schrieb und verkaufte vieles von dem, was er schrieb. Und zusammen mit dem Einkommen aus seiner Rente gelang es ihm, eine ökonomische Sicherheit zu erreichen, die er nie gekannt hatte. All das, weil er nun bewußt und freudig im Strom war.

Diese Idee des Lebensstromes aus dem Innern ist nicht leicht zu fassen, denn der größte Teil unserer Klugheit und Erfahrung, der uns umgebenden Welt entnommen, scheint ihr zu widersprechen. Emerson sagt, daß wir die Weisheit der Welt verlernen und tief in die göttlichen Stromkreise eintauchen müssen; indem wir dies täten, öffneten wir die Tür, durch die der Reichtum von Himmel und Erde in uns einströme. Er will damit nicht vorschlagen, daß wir das gesammelte Wissen der Forschung aufgeben sollen. Er bezieht sich auf diejenigen Tatsachen, die zu Begrenzung führen.

David Sarnoff rief in den frühen fünfziger Jahren seine Forscher in sein Büro und wies sie an, ein Videoverfahren in schwarzweiß und kompatiblen Farben zu entwickeln. Die Männer waren sprachlos aufgrund der schieren Tollkühnheit einer so unmöglichen Aufgabe. Als sie den Raum verließen, konnte man einen von ihnen mit unterdrückter Stimme murmeln hören: „Es muß wunderbar sein, eine Vorstellungskraft zu haben, die so vollkommen unbelastet durch eine Kenntnis der Fakten ist.“ Sie ‘verlernten’ jedoch ihre große Weisheit, und das Fernsehen, das wir heute sehen, ist aus ihrer schöpferischen Leistung hervorgegangen.

Wir sind dazu verleitet worden zu glauben, die Ansammlung der Weltweisheit mache uns weise, während sie uns in Wahrheit höchstens voreingenommen machen kann. Dies ist der Grund, warum Jesus sagte: „*... ihr werdet die Wahrheit erkennen, und die Wahrheit wird euch frei machen*“

(Joh. 8:32). Frei von dem Gedanken, in unserem Leben der Außenwelt ausgeliefert zu sein, frei, in uns „Gott Gott sein zu lassen“ und frei, in den Strom des Universums von Leben, Licht und Substanz einzutreten.

Es ist von Bedeutung, festzustellen, daß Jesus nicht sagte: „Ihr werdet Kenntnis *über* die Wahrheit erlangen.“ Wissen über die Wahrheit kann einfach nur mehr Weltwissen sein, das wieder verlernt werden muß. Er sagte ausdrücklich: „Ihr werdet *die Wahrheit* erkennen.“ Auf die Gefahr hin, als Angeber zu erscheinen, darf ich von mir behaupten, daß ich furchtbar viel über die Wahrheit weiß, und ich habe eine riesige Bibliothek voller Bücher und viele Aktenordner mit Notizen, um es zu beweisen. Wenn ich jedoch mit einem persönlichen Problem konfrontiert werde, ist all das nur eine Menge überflüssiger Ballast. Auge in Auge mit dem Leben und allein mit mir selbst, bleibt mir nur das, was ich *weiß*. Und das ist kein Repertoire von Worten oder Aussagen, die ich mir schnell ins Bewußtsein rufen kann, sondern der einfache Glaube, *stille zu sein und zu wissen, daß ich im Strom bin.*

Ein Punkt, den man sich ganz am Anfang einer jeden intensiven Beschäftigung mit der Wahrheit klarmachen muß, ist dieser: Die Wahrheit, das sind nicht bloß Worte, Bejahungen, Bücher oder Lehren. Die Wahrheit ist ein universeller Strom, der nur vage im Spinnennetz des menschlichen Bewußtseins eingefangen werden kann. Die Theologie, ob traditionell oder metaphysisch, neigt dazu, die Wahrheit in starre Formen zu pressen und so den Strom zu behindern. Es ist, als ob wir von einer leeren Faust annähmen, sie enthielte etwas Wirkliches, und einen Finger, der auf etwas deutet, für den Gegenstand hielten, auf den gezeigt wird. Wenn wir auf den Mond deuten und dann den

Finger verehren, als sei er der Mond, dann haben wir die Idee verloren. „Worte der Wahrheit", selbst die großen Äußerungen von Meisterlehrern, deuten einfach auf die Wirklichkeit des Universums hin, die nur 'aus erster Hand' als ein Strom aus unserem eigenen Innern erfahren werden kann.

Die Wahrheit liegt in uns, sie geht nicht aus
Von Äußerem, was du auch glauben magst.
Es ist ein Innerstes, ein Zentrum in uns allen,
Wo Wahrheit wohnt in Fülle; und ringsum
Schließt wie mit Mauern grobes Fleisch sie ein,
Die klare, die vollkommne Schau –
die Wahrheit.
Ein Leibgeflecht, verwirrend und verzerrend,
Erzeugt, sie bindend, allen Irrtum; WISSEN
Heißt eher, einen Ausweg zu eröffnen,
Wohin der eingeschloßne Glanz entfliehen
mag,
Als Eintritt für ein Licht sich zu erwirken,
Von dem man annimmt, daß es draußen sei.

– *Robert Browning* 5)

Der Schüler der „neuen Einsichten in die Wahrheit" zitiert häufig Emmet Fox und sagt: „Leben ist Bewußtsein." Es ist eine großartige Vorstellung, die vielen Menschen geholfen hat, ihre Denk- und Lebensweise zu ändern. Aber es hängt damit noch so vieles mehr zusammen, mehr als normalerweise erkannt wird. „Bewußtsein" ist nicht nur das, worüber wir vielleicht bewußt nachdenken. Es ist auch die Ansammlung von tiefer-als-bewußten Gedanken im Unterbewußtsein. Und es hat auch mit der Beziehung zu tun, die wir zu der Allheit des Geistes Gottes haben, und mit dem Ausmaß, in dem wir sie für uns in Anspruch genommen haben.

„Bewußtsein“ ist nicht nur das, womit wir unseren Geist angefüllt haben. Es ist auch der Grad, in dem wir unseren eigenen „eingeschloßnen Glanz“ entdeckt und freigesetzt haben und in den Strom eingetreten sind. Diese subtile Unterscheidung wird dramatisch, wenn wir erkennen, daß es, egal auf welcher Bewußtseinsebene wir zu irgendeinem Zeitpunkt sein mögen, immer noch mehr im Innern gibt; die Allheit Gottes ist im Innern. Wir mögen uns im Bewußtsein der Krankheit, des Mangels, der Disharmonie oder der Ungerechtigkeit befinden, und doch können wir gerade da, wo wir sind, still sein und das Einssein mit dem Schöpfungsprozeß erkennen, und *„aus [unserem] Leibe werden... Ströme lebendigen Wassers fließen“* (Joh. 7:38). Wir sind nie weiter von diesem Heilungsstrom entfernt als um die „Zustimmung“, ihn sich entfalten zu lassen.

Wenn wir der ‘Halbwahrheit’ folgen, daß wir das seien, was wir in unseren Geist hineingelegt haben, werden wir dazu verführt werden, mit Bildung auf der Grundlage der „Bettelschale“ umzugehen – Lernen in das Bewußtsein einzuspeisen. In früheren Zeiten sagten wir scherzhaft, aber mit ernstem Hintersinn: „Hau es rein, stopf es rein, Kinderköpfe sind hohl.“ Erziehung, wenn man sie angeht, ohne sich im Bewußtsein des Stromes zu befinden, ist eine Perversion des Schöpfungsprozesses.

Sokrates sprach von Erziehung als einem Extrahieren von Weisheit aus dem Geist des Kindes nach draußen, wo es das, was von Anbeginn an sein eigen war, untersuchen und anwenden könnte. Und Carlyle spricht vom Genie als einer Ver-Äußerung der inspirierten Seele des Menschen. Er betont, daß diese inspirierte Seele potentiell in jedem Menschen existiert, daß sie vergleichsweise unabhängig von Bildung oder Erziehung ist und daß sie auf die Inspiration wartet, die wir Genie nennen.

Es ist heutzutage tragisch, daß wir es versäumen, das Kind mit der Vorstellung und dem Verfahren des Überbewußten vertraut zu machen und es dazu hinzuführen, den Strom der Universalkraft im Innern zu erleben. Die Neuzeit, die sehr stark auf uns lastet, verlangt nach Menschen, die darauf in angemessener Weise durch „Seelentraining" vorbereitet worden sind. Dem Strom universeller Kraft zu gestatten, das Bewußtsein zu lenken, ist oberstes Gebot, wenn wir uns zur vollen möglichen Höhe unseres Genies erheben wollen.

Dieselbe 'Halbwahrheit', daß wir das seien, was wir unserem Geist eingetrichtert haben, führt manche Leute dazu, die populäre Technik der 'Programmierung des Bewußtseins' durch geistige Vorlagen der Gesundheit und des Erfolges anzuwenden. Nun trifft zwar zu: *„Bewährten Sinn bewahrst du in Frieden, weil er auf dich vertraut*" (Jes. 26:3); aber das bedeutet gewiß nicht, daß wir nur dadurch Frieden erlangen können, daß wir unseren Geist mit Gedanken des Friedens erfüllen. Die Bewußtseinsprogrammierung neigt dazu, anzunehmen, daß wir nur gesund sein können, wenn wir Gedanken der Gesundheit in unseren Geist einspeisen. Dies ist eine Verleugnung der natürlichen Heilkraft des Lebens. Es könnte zu der ungerechtfertigten Annahme führen, daß wir die Verantwortung für die Gesundheit des Körpers trügen. Indem man ständig und besorgt für das Herz, den Magen, die Augen usw. „arbeitet", kann man ein richtiger „metaphysischer Hypochonder" werden. Wieviel besser ist es, mit Laotse zu wissen, daß *alles gesund ist, was mit dem Universum fließt.* Angesichts einer jeden Unordnung ist die Notwendigkeit die, in den Strom einzutreten, den „eingeschloßnen Glanz" der Wahrheit aus dem Innern zu entlassen, statt zu versuchen, „Eintritt für ein Licht sich zu erwirken,/ Von dem man annimmt, daß es draußen sei".

Großer Nachdruck wird auf die „Kunst der Demonstration" gelegt. Das ist gut, denn durch Kenntnis der Wirkungsweise des geistigen Gesetzes können wir zu einer neuen Ebene der Gesundheit und des Erfolges aufsteigen. Wenn wir jedoch nicht auf dem Bewußtsein unserer Quelle im universellen Strom des Lebens aufbauen, versuchen wir, das Gesetz in Gestalt des Guten, das wir uns wünschen, für uns arbeiten zu lassen.

In Wirklichkeit gibt es jedoch keinen Weg, das göttliche Gesetz für uns oder für irgend jemanden arbeiten zu lassen. Können wir die Schwerkraft beeinflussen, für uns zu arbeiten, oder die Sonne, für uns zu scheinen? Alles, was wir tun können oder zu tun brauchen, ist, in eine richtige Beziehung zu ihnen zu treten.

Was man das „Gesetz der Heilung" nennt, ist einfach der ewige Strom des Lebens, der als eine Allheit selbst in einer Krankheit gegenwärtig ist. Das „Gesetz des Erfolges" ist einfach der Strom von Ideen und Kreativität, der einen Mißerfolg in Produktivität und Mangel in Fülle verwandeln kann. Wir 'bringen' das Gesetz nicht durch Gebet oder geistige Behandlung 'zum Arbeiten'. Das göttliche Gesetz arbeitet immer, selbst wenn wir seinen Strom vielleicht durch unsere Einstellung und unser Handeln behindern.

Durch das, was Teilhard „die unbezweifelbare Vollkommenheit des Universums" nennt, ist Gott mit Ihnen, wo Sie auch sind und was immer vonnöten ist, das ganze Universum steht hinter Ihnen in einem Grade, der dem ganzen Ausmaß des Bedürfnisses entspricht. Alle Kräfte des Himmels und der Erde sind mit Ihnen und arbeiten auf Ihrer Seite, auf der Seite der Heilung, der Gerechtigkeit, des Sieges. Ella Wheeler Wilcox fängt diese großartige Vorstellung in ihren Zeilen ein:

> Es wissen, was der Geist, der aufwärts strebt,
> erreichen kann,
> Die großen und allmächtgen Kräfte;
> Sie werden beistehn und ihn stärken, wie das
> Licht
> Die Eichel zu des Eichbaums Höhe hebt.
> Du mußt dich nur entschließen, und sieh da!
> Es wird
> Das ganze große Universum Gottes deine Seele
> stärken. 6)

Sie brauchen keine Demonstration *vorzunehmen*, und tatsächlich können Sie es auch nicht. Es hat keinen Sinn, zu versuchen, das göttliche Gesetz für sich arbeiten zu lassen, denn das Gesetz ist ein unerschöpflicher Strom. Sie sind stets in diesem Strom – wie Sie stets in der Schwerkraft sind und sie stets in Ihnen ist. Sie können aus dem Bewußtsein um den Strom herausgelangen, und häufig tun Sie es auch. Aber die Notwendigkeit besteht darin, aufzuhören, das zu tun, was den natürlichen Zustrom Ihres Guten von innen her hemmt. Wenden Sie Ihre Gedanken von Anspannung und Streß ab. Lassen Sie los und lassen Sie den Strom des Lebens sich entfalten.

In einem der Aphorismen Patanjalis finden wir diese große Wahrheit offenbart:

Wie das Entfernen der Erde durch einen
  Bauern, der einen Graben gräbt
Einen Kanal öffnet, daß Wasser zu seiner Saat
  fließen kann,
So öffnet die Entfernung von Hindernissen
  durch den Schüler
Einen Kanal, durch den die kosmische Energie
  in sein Sein einströmen kann.

Damit soll die Idee des positiven Denkens nicht negiert werden. Wir sind denkende Geschöpfe, und es ist jetzt so wahr wie damals, als Salomo es sagte: „*Denn wie er denket in seinem Herzen, so ist er*“ (Sprüche 23:7)[2].

Wir brauchen jedoch ein klareres Verständnis der Rolle des Denkens im Bewußtsein. Das Denken an sich erschafft nicht. Es versetzt uns entweder bewußt in den universellen Strom oder es vereitelt den Strom. Wenn wir Krankheit oder Mangel denken, dann stellen wir diese Dinge nicht her. Wenn das Denken aus der Synchronisation mit dem Strom des Lebens herausgeraten ist, dann „lernen wir den Mangel kennen“ – wie alles, was von seiner Wurzel abgeschnitten ist.

In demselben Sinne schaffen wir Gesundheit oder Fülle nicht, wenn wir sie denken. Es gibt keine Weise, auf die der Mensch Gesundheit erzeugen kann. Sie ist ein Strom oder ein Aufblühen des göttlichen Lebens. Wenn der Geist auf den Gottesgedanken der Ganzheit ausgerichtet ist, sind wir synchron mit dem Strom des Lebens. Wenn wir Fülle denken, sind wir synchron mit dem Strom der Fülle. Wir schaffen ihn nicht; auch setzen wir den Strom weder in Gang noch bringen wir ihn zum Stillstand. Wir nehmen ihn einfach an, indem wir seinem natürlichen Fließen unsere „Zustimmung" geben. Das ist es, was die Gegenwart Gottes wirklich ist – das Leben Gottes, das in uns als unerschöpflicher Strom gegenwärtig ist.

Und das ist es, was Gebet wirklich ist – die Art von Denken, die synchron mit dem Strom ist. Gebet denkt man sich normalerweise als etwas, was man zu Gott sagt oder was man tut, oder als den Vorgang des Einflößens von Bejahungen oder Aussprüchen der Wahrheit ins Bewußtsein. Es ist soviel mehr daran. Gebet ist eine Art von Augenerheben über die Begrenzungen hinweg, die aus der Vereitelung des Stroms hervorgehen, hin auf ein Wissen um die ewige Gegenwart des transzendenten Stromes.

Wenn die Wetterfahne nach Norden zeigt, dann bringt sie damit nicht den Nordwind zum Blasen. Sie zeigt einfach an, daß der Nordwind bläst. Im gleichen Sinne bewegen wir, wenn wir im Gebet Worte der Wahrheit sprechen, nicht Gott oder wecken das göttliche Gesetz. Gebet ist nicht ein Hineinlegen von Dingen in den Geist, sondern das Freisetzen von Kraft aus dem Geist. Es ist die höchste Erfahrung des Lebens von innen nach außen.

Jesus drängte darauf, daß wir im Gebet in die „innere Kammer" gehen und die Tür schließen sollen. Hier ist niemand, den wir mit kunstvollen Gebeten beeindrucken müssen; denn, wie Er sagt, Gott weiß, was wir im Sinn haben, sogar noch bevor wir es in Worte kleiden. Daher besteht keine Notwendigkeit für „eitle Wiederholung" oder Bejahungen oder Gebetsaussagen. Eine Bejahung der Wahrheit soll nicht dazu dienen, etwas wahr zu machen. Sie ist ein effektives Mittel, um unser Bewußtsein mit dem Strom des Lebens zu synchronisieren. Wenn man dies weiß, ist kein intensives Drängen und kein menschlicher Wille mit im Spiel. Wir leihen der Bekräftigung der Wahrheit unsere Stimme, als bliesen wir eine Feder an, die auf der Brise daherschwebt. Denn es ist nur unsere Zustimmung, unsere Art des Jasagens zum Strom, die „des Vaters Wohlgefallen" in uns und an uns ist.

Jesus sagte: *„In der Welt habt ihr Angst; aber... ich habe die Welt überwunden"* (Joh. 16:33). In der Welt der menschlichen Erfahrung geraten wir so leicht aus dem Bewußtsein des Geist-Stromes heraus. Jemand schneidet unsere Fahrspur auf der Autobahn. Wie natürlich ist es, wütend zu sein! Ein leeres Taxi segelt vorbei und ignoriert unser wildes Winken vom Bordstein aus, und natürlich sind wir wahnsinnig ärgerlich. Es ist vollkommen verständlich, denn so geht das im Leben „da draußen" nun einmal zu. So sagen wir jedenfalls. Aber es gibt keine automatische Reaktion auf Zustände. Furcht, Sorge und Verärgerung sind konditionierte Reflexe auf äußere Reize. Wenn wir wirklich wissen, daß das Leben von innen nach außen gelebt wird, können wir immer in den transzendenten Lebensstrom aus unserem Innern hineinkommen. Und das heißt, „die Welt zu überwinden".

Jesus sagte: *„Liebet eure Feinde; ... bittet für die, so euch verfolgen, damit ihr Kinder seid eures Vaters im Himmel"* (Matt. 5:44,45). Aber wie können wir das, nach allem, was sie getan haben? Sie verdienen ganz bestimmt keine Liebe. Das mag wohl wahr sein, aber es ist irrelevant. Der springende Punkt ist der, daß wir, indem wir feindseligen Gefühlen nachgeben – ganz egal, um welche Provokation es dabei geht –, unser Bewußtsein für den Strom verlieren. Die Notwendigkeit besteht dann darin, sich von neuem in dem Bewußtsein des von innen nach außen fließenden Lebensstromes zu verankern. Das ist es, was Jesus meinte, als Er sagte: *„... damit ihr Kinder seid eures Vaters im Himmel"*. Warum uns selbst zerstören wegen etwas, was jemand anderes getan oder unterlassen hat? Das ist genau das, was wir tun, wenn wir die schöpferische Kraft der Liebe vereiteln. Jesus sagte im Grunde: „Laß los – und laß es strömen!"

Könnte es sein, daß das Wort „fließen" *(flow)* das Wort „Blume" *(flower)* hervorgebracht hat, ein schönes Symbol des ungehinderten Lebensstromes? Jemand hat einmal gesagt: „Man kann einem Universum vertrauen, das Blumen hervorbringt." Jetzt können Sie sehen, warum Jesus sagte: *„Betrachtet die Lilien, wie sie weder spinnen noch weben; ich sage euch aber: Auch Salomo in all seiner Pracht war nicht gekleidet wie eine von ihnen"* (Luk. 12:27). Nehmen Sie sich gelegentlich die Zeit, über eine Blume zu meditieren und sich dabei mit dem ungehinderten Strom zu identifizieren, der sich in solchem Duft, in solcher Schönheit und Symmetrie ausdrückt. Das ist die Art und Weise, wie sich Ihnen das Leben darstellen sollte – die Art und Weise, wie es sich ganz bestimmt darstellen wird, wenn Sie bewußt im Strom sind.

Das ist also der Ausgangspunkt unseres Abenteuers. Verweilen Sie viel bei dieser Vorstellung, daß das Leben von innen nach außen gelebt wird und daß Sie ein dynamisches Zentrum in dem Strom sind, der Gott ist, und daß Sie eine 'eingebaute' Befähigung zu Gesundheit und Erfolg haben. Sie können mehr sein, Sie können mehr tun und Sie können im Leben mehr haben, weil Sie unausweichlich mit dem transzendenten Strom des Lebens verbunden sind.

Unter den Alten bezeugt niemand ein klareres Konzept des Stromes als Plotin. Er schlägt eine geistige Übung vor, die gut zur abschließenden Aufgabe dieses ersten Kapitels werden könnte. Betrachten Sie in einigen Momenten der Meditation diese Umschreibung seiner Worte:

Laß deinen Geist und dein Herz alles loslassen, was dich

beunruhigt. Laß deinen Körper still werden und all die Aufgeregtheiten deines Körpers und alles, was ihn umgibt; laß die Erde, das Meer und die Luft und selbst den Himmel still sein; und dann denke dir den Geist als in dich einströmend, sich in dich ergießend, in dich einstürzend und in dich hineinleuchtend, dich durchleuchtend und aus dir in alle Richtungen hervorleuchtend, während du stillsitzt.

2. Kapitel

Der Heilungsstrom

„Einige Leute haben mehr Glück als Verstand!“ Wie oft hört man diesen Aufschrei von den sich selbst Bemitleidenden oder von den ‘Mitfühlenden’! Und es scheint wahr zu sein. Es ist nachgewiesen worden, daß bestimmte Personen „für Unfälle anfällig“ sind, während andere immer über alles stolpern, von aufregenden Beschäftigungen bis hin zu interessanten Urlaubsorten. Die Ägypter haben ein Sprichwort über denjenigen, der immer „in den Fluß fällt und mit einem Fisch im Mund wieder auftaucht“.

Sicherlich könnte man den Eindruck haben, daß einige Leute stets von einer Krankheit in die andere geraten, während andere Leute immer bei guter Gesundheit sind. Einige Menschen sind Opfer der jahreszeitlich bedingten Anstekkungen, die „die Runde machen“, während andere davon unberührt bleiben und sich als „abscheulich gesund“ bezeichnen.

Es ist, als wären einige Personen auf der richtigen und andere auf der falschen Seite des Lebens. Aber gibt es richtige und falsche Lebensseiten? Sind einige Leute zu einem Leben voller Schmerz und Leiden verurteilt, weil sie zufällig nicht auf der richtigen Seite geboren worden sind?

Richard Rumbold, den politischen Aspekt dieser Frage kommentierend, schrie einmal auf: *Nie könnte ich glauben, daß die Vorsehung ein paar Menschen fertig gestiefelt und gespornt in die Welt gesandt hätte, um zu reiten, und*

Millionen fertig gesattelt und gezäumt, um geritten zu werden. 7)

Durch alle Zeitalter hindurch und bis in vergleichsweise junge Zeiten dachte man sich die Ursache, wenn eine Krankheit im Fleisch erschien, beinahe ohne Ausnahme im Fleische selbst. Es war einfach Pech oder Gottes Wille oder „die Art, wie die Dinge nun einmal sind". Daher machte der Betroffene keinen Versuch, etwas anderes zu sein als das, was er zu sein glaubte; und traurigerweise war Krankheit ein Teil dessen, was er zu sein glaubte. Es ist 3.000 Jahre her, seit Salomo sagte: „*Denn wie er denket in seinem Herzen, so ist er...*" (Sprüche 23:7), aber es hat lange gedauert, bis es sich zum Menschen durchgesprochen hat, daß „Pech" einfach eine „schlechte geistige Gewohnheit" ist.

Die Medizin hat lange gezögert, den Einfluß von Einstellungen und Gefühlen auf die Körperfunktionen zu akzeptieren. Das Gewicht vieler wertvoller Forschungsarbeiten auf dem Felde der psychosomatischen Ursachen von Krankheit ist jedoch in wachsendem Maße nicht mehr zu leugnen. Heute gelangen Ärzte dazu, die überall sichtbaren Beweise dafür, daß viele Erkrankungen emotionell bedingt sind, als eine Lebenstatsache zu akzeptieren. Es gibt jene, die sagen, fünfzig Prozent einer Krankheit seien emotionell bedingt. Andere sagen, es seien eher neunzig Prozent. Wie dem auch sei, mehr und mehr Ärzte akzeptieren die revolutionäre Idee, daß „alle Krankheit im Ursprung psychosomatisch ist" und daß das Geheimnis von Heilung aller Art darin besteht, die Bedingungen zu korrigieren, die den natürlichen Strom des Lebens behindern, indem man Bewußtseinszustände verändert.

In Johannes 21:1-6 gibt es eine Episode, in der Jesus

durch eine „lebendige Parabel“ lehrt. Die Jünger, die zum größten Teil Fischer waren, gingen auf dem galiläischen Meer ihrem Gewerbe nach. Nach einer ganzen Arbeitsnacht hatten sie nichts gefangen. Bei Tageslicht kehrten sie zum Ufer zurück, müde und entmutigt. Sie trafen auf Jesus, der ihnen vorschlug, es nochmals zu versuchen, aber diesmal sollten sie *„das Netz auf der rechten Seite des Bootes auswerfen“*. Man stelle sich ihre Reaktion vor! Schließlich waren sie erfahrene Fischer. Was konnte der Zimmermann schon wissen? Und doch, nach allem, was sie gesehen hatten, wie konnten sie seine Einsichten in Frage stellen? Also warfen sie ihr Netz aus, wie Er es vorschlug, und jetzt waren sie aufgrund der vielen Fische nicht in der Lage, es einzuziehen.

Die Geschichte veranschaulicht auf dramatische Weise die richtige und die falsche Seite des Lebens. Wie Shakespeare sagte: „Nicht durch die Schuld der Sterne..., durch eigne Schuld nur sind wir Schwächlinge“ *(„The fault... is not in our stars, but in ourselves, that we are underlings“).*8) Es ist eine Sache des Bewußtseins und hängt nicht von Gottes Willen oder vom launischen Wink des Schicksals ab, und Bewußtsein kann man ändern. Die Jünger waren, im Bewußtsein, außerhalb des Lebensstromes. Durch den bloßen Akt des Netzeauswerfens von der anderen Bootsseite aus veränderten sie ihre gesamte Erfahrungswelt. Das bedeutet, daß man durch das Mittel der gedanklichen Wende vom Negativen zum Positiven, von einer Stimmung des Ungenügens zu einer zuversichtlichen Einstellung, seine ganze Erfahrung von Versagen zu Erfolg wandeln kann. „Auf der richtigen Seite“ des Lebens kommt man in Übereinstimmung mit dem unentrinnbaren Strom des Guten.

Groß ist die Zahl derer, die an schmerzhaften Erkrankungen gelitten haben, die allen Behandlungsmaßnahmen Hohn gesprochen haben. Wie die Jünger haben sie bildlich „die ganze Nacht gearbeitet" auf ihrer Suche nach Heilung, möglicherweise entweder medizinische oder Gebetshilfe oder auch beides anwendend, aber ohne Ergebnis. Die Geschichte scheint zu implizieren, daß es trotz aller Erfahrung, der angewandten Techniken oder selbst des sehnlichsten Wunsches eben keine Hilfe gibt, wenn man auf der „falschen Seite" (negativer Bewußtseinszustand) ist. Was notwendig ist, ist, auf die „rechte Seite" zu gelangen, in den Fluß des Heilungsstromes hineinzukommen.

Schauen wir uns diesen Heilungsstrom, diesen universellen Fluß der Ganzheit einmal an. Im vorangegangenen Kapitel haben wir Bezug genommen auf das Gebot Jesu *„Betrachtet die Lilien, wie sie weder spinnen noch weben"*. Sicherlich zeigt eine Blume auf schöne Weise das ungehinderte Fließen des Universums. Und in demselben Sinne, selbst wenn wir uns dessen nicht alle bewußt sein mögen, ist ein jeder von uns ein Hervorblühen des universellen Schöpfungsprozesses. Jeder von uns ist ein Strom der Ganzheit. Jeder von uns ist vollkommen, wo wir auch sind und was auch immer die geistigen oder körperlichen Gegebenheiten sein mögen, aufgrund dessen, was Teilhard de Chardin „die unbezweifelbare Vollkommenheit des Universums" nennt.

Sie sind ein Kind des Universums. Sie gehen Ihren Lebensweg nicht allein. Das ganze Universum geht mit Ihnen. Es ist dynamisch an Ihnen beteiligt. Sein dynamischer Fluß drückt sich beständig als Sie aus. So ist Gesundheit nicht etwas, was man physisch, in Pillen oder Heiltränken, oder metaphysisch, in Gebeten oder Anwendungen, bekommen kann. Man kann Gesundheit nicht bekommen. Man kann nur Gesundheit *sein.* Gesundheit ist die Lebenswirklichkeit, der normale Zustand des Menschen.

Das Paradox der medizinischen Wissenschaft ist es, daß ihre grundlegenden Studien des „Lebens“ lange Zeit im Laboratorium an Leichen vollzogen worden sind. Wie kann man die dynamischen Gesetze des Lebens dadurch erkennen, daß man Studien über den Tod betreibt? Kein Wunder, daß die Medizin darauf bestanden hat, daß der Tod das Letztgültige und die Krankheit sein unvermeidliches Vorspiel sei, auf das wir alle uns einzustellen lernen müßten.

Glücklicherweise gibt es einige hoffnungsvolle Zeichen. Zum Beispiel entschloß sich die Cornell University Medical School vor einigen Jahren, zu erforschen, „was gesunde Personen gesund macht“. Das führte die Forscher weg von der „Norm“ des Verfalls und des Todes und zu einer Studie der „Gesundgesinntheit“ als dem offensichtlichen Schlüssel zu körperlicher Gesundheit. Die Wissenschaftler fanden heraus, daß die gesündesten Menschen diejenigen sind, die eine gewohnheitsmäßige Einstellung haben, die sie unempfindlich gegenüber sozialen Situationen und Umfeldern macht. Vielleicht ist die Zeit gekommen, in der alle auf dem Felde der Gesundheitsfürsorge Praktizierenden zustimmen müssen, daß Gesundheit und fortgesetztes Leben der natürliche Zustand des Menschen sind und nicht Krankheit und Tod. Es könnte auch erfrischend sein, eine moderne Anwendung der zeitlosen chinesischen Praxis zu sehen, in der jemand seinen Arzt bezahlt, damit er ihn gesund erhält, und die Zahlungen einstellt, wenn er krank ist. Sicherlich würde es die Perspektive von Arzt und Patient verändern.

Wenn Sie erst einmal die Idee erfassen, daß Sie ein vollkommenes Geschöpf sind, ein Kind des Universums, die Selbstlebendigkeit eines universellen Lebensstromes an sich, dann werden Sie nie wieder befriedigt sein, ehe Sie nicht eine Verbesserung Ihrer Gesundheit erreichen. Myrtle Fillmore war eine methodistisch erzogene Schullehrerin, die sich etwas gegenübersah, was zu der damaligen Zeit ein Fall von Tuberkulose im Endstadium war. Die Ärzte waren übereinstimmend der Meinung, daß sie nur noch ein paar Monate zu leben hätte. Es war eine Veranlagung, die „in der Familie lag", und so wurde die Prognose mit Resignation hingenommen. Sie war jedoch eine spirituelle Abenteurerin auf der Suche nach der Wahrheit über das Leben. Eines Tages hatte sie eine große Offenbarung, die ihr Leben veränderte und durch ihren Einfluß das Leben Tausender Menschen. Sie bejahte: *Ich bin ein Kind Gottes, und daher erbe ich keine Krankheit.* Sie begann, das Netz auf der richtigen Seite des Bootes auszuwerfen. Trotz des medizinischen Verdikts gelangte sie in den Strom heilenden Lebens hinein und lebte über diesen Zeitpunkt hinaus noch fünfundvierzig Jahre lang ein erfülltes Leben.

Damit soll nicht behauptet werden, daß Vererbung keinen Einfluß auf die Gegebenheiten oder Tendenzen des Körpers hätte. Aber es wird damit gesagt, daß ungeachtet der Art des physischen Körpers, die das Erbe Ihnen gegeben hat, oder der Bewußtseinsbedingungen, die Ihnen Ihre Eltern auferlegt haben mögen, all dies nebensächlich für Ihre Lebenserfahrung ist. Grundlegend jedoch ist die Wahrheit, daß Sie ein Kind des Universums sind. Sie sind im unaufhörlichen Strom des transzendenten Lebens. Jesus machte es ganz deutlich, daß es *„nicht der Wille eures Vaters... [ist], daß eins dieser Kleinen verlorengehe"* (Matt. 18:14). Er sagte auch: *„Kommet her, ihr Gesegneten meines Vaters, ererbet das Reich, das euch von Grundlegung der Welt an bereitet ist!"* (Matt. 25:34). Dieses Reich in Ihnen ist der

Strom des Universums, der als Sie seinen Mittelpunkt hat. Das Erbe ist Ihres, denn Sie sind das lebendige Unternehmen des Schöpfungsprozesses. Aber Sie müssen es in Anspruch nehmen, wissen, daß Sie ein Anrecht auf die Fülle des Lebens haben, und in den Strom eintreten.

Gott ist ein Kreis, der seinen Mittelpunkt in Ihnen hat. All die Eigenschaften des Unendlichen sind in Gestalt von Ihnen konzentriert, strömen durch Sie hervor. Sie sind in diesem Strom. Sie sind dieser Strom an dem Punkt, wo Sie sind. So sind Sie ein Kind des Universums, ein Sohn Gottes. Meditieren Sie über diese gewaltige Einsicht. Sie bedeutet, daß Sie in der Bildgleichheit einer unendlichen Idee geschaffen sind. Sie sind das einziggezeugte Kind Gottes von dem Standpunkt aus, daß, egal welche anderen Einflüsse von außen ihre Spuren auf Ihnen hinterlassen haben mögen, es dasjenige an Ihnen gibt, das nur von Gott gezeugt ist, das auf ewig das „Hervorblühen" des göttlichen Stromes aus dem Innern ist. Dies ist die grundlegende Wahrheit. Alles andere sind zufällige Fakten.

Der Prediger des gleichnamigen Buches sagte: *„Nur habe ich, siehe, das gefunden, daß Gott die Menschen recht geschaffen hat; sie aber suchen viele Künste*" (Pred. 7:30). Der Mensch ist innerhalb eines vollkommenen Lebensplanes und aus diesem geschaffen. Und auf der rechten Seite des Bootes, oder im richtigen Bewußtseinszustand, wird er mit diesem natürlichen Heilungsstrom fließen. Aber wie Paulus sagte: *Deshalb sind unter euch viele Kranke und Schwache* (I. Kor. 11:30). Auf der falschen Seite des Bootes fischend, uns in begrenzende Bewußtseinszustände einbindend, beschränken wir den Strom des Lebens.

Wir könnten uns wieder der Geschichte von den Fischern zuwenden und anmerken, daß die Fische da waren wie immer. Die Veränderung von entmutigender Leere zu freudiger Erfüllung lag nicht in den Gewohnheiten der Fische begründet, sondern in der Einstellung der Fischer. Der Heilungsstrom ist eine ewige Realität. Es gibt eine Allheit selbst in der Krankheit. Das ganze Universum ist in Ihnen, und sein Strom ist stets in einem grundlegenden Sinne Ihre Realität, egal, welches die Begleitumstände sein mögen. Und es ist diese Realität der Vollkommenheit, die der Schlüssel zum Bestand eines Heilungs- und Erneuerungsprozesses innerhalb des Körpers ist – selbst wenn man nichts tut oder nichts darüber weiß.

Vor einigen Jahren gab es eine weithin veröffentlichte Nachricht, die von den Schlußfolgerungen berichtete, zu denen ein früherer Professor der Medizinischen Fakultät von Harvard gelangt war. Er zeigte auf, daß die meisten Krankheiten geheilt werden, ohne daß die Betroffenen je erfahren, daß sie sie gehabt haben. Er zitierte viele Fälle, in denen Obduktionen unmißverständliche Spuren von Krankheiten enthüllten, die der Untersuchte besiegt hatte, ohne es zu wissen. Er behauptete, daß der Körper eine „Superweisheit" besitze, die zugunsten des Lebens eingenommen sei und nicht zugunsten des Todes und die zehnmal so machtvoll sei wie die Nachahmung durch die Medizin. Ohne zu erröten, identifizierte er diese Heilkraft als „Gott". Und dann rief er dazu auf, daß der medizinische Berufsstand den Patienten über diese große Kraft, die in ihm wirke, informieren sollte. Er sagte: „Es bringt dem medizinischen Berufsstand keinen Vorteil ein, das Wort 'Gott' zu vermeiden. Warum sollte man den Leuten nicht die Wahrheit sagen?"

Ja, wir müssen die grundlegende Wahrheit kennenlernen, die jeder Physiologe fraglos akzeptiert, daß es im ganzen Leben ein unentrinnbares Strömen in Richtung auf die Vollkommenheit hin gibt. Es wird gewöhnlich *vis medicatrix naturae* genannt, was einfach „die Heilkraft der Natur" heißt. Es gibt eine universelle Tendenz, daß alles zum Normalzustand zurückkehrt, wann immer das Gleichgewicht des Lebens verletzt worden ist. Schrammen Sie einen Baum mit einer Axt und kehren Sie nach einiger Zeit zurück, und Sie werden entdecken, daß die Natur die Schramme geheilt hat. Oder wenn Sie sich beim Schälen von Kartoffeln in den Finger schneiden, verbinden Sie wahrscheinlich die Wunde, aber in zwei oder drei Tagen ist der Schnitt verheilt. Ein Arzt mit all seiner Kunstfertigkeit kann diesen Vorgang nicht verändern, und wenn er empfänglich ist für den transzendenten Strom des Lebens, wird er sagen: „Ich verbinde die Wunde, aber Gott heilt den Schnitt."

Das führt zu einer wichtigen Beobachtung des Heilungsprozesses. Die in irgendeinem Zweig der Heilkünste Praktizierenden sind schließlich auch nur Menschen. So führt sie das Bedürfnis nach Befriedigung des Ego manchmal dazu, das Verdienst für scheinbar wunderbare Ergebnisse für sich in Anspruch zu nehmen. Ein Arzt ist jedoch kein Heiler, und ebensowenig ist es der „Wunderheiler" oder derjenige, der Metaphysik praktiziert. Der Heilstrom des Lebens ist die Wirklichkeit, die hinter jedem Anschein steckt. Ob die angewandte Methode Medikamentierung oder Meditation ist, man kann nur mit ihr zusammenarbeiten, indem man die geistigen oder körperlichen Prozesse dem unaufhörlichen Fließen des Heilstromes öffnet.

Der Heilungsstrom als eine Grundströmung des Lebens ist in einem biologischen Laborexperiment, mit dem versucht werden sollte, die „Feldtheorie des Lebens" zu beweisen, dramatisch demonstriert worden. Dafür wurden Baumflechten als die am wenigsten spezialisierte Lebensform ausgewählt. Ein Segment der Flechte wurde unter ein starkes Mikroskop gelegt, in dem der Beobachter ein Spitzengewebe aus kapillarähnlichen Bächen sehen konnte, in denen eine Art subzellularer Flüssigkeit strömte. Es wurde entdeckt, daß der Strom genau 58 Sekunden weitergeht, wobei alle Kanäle in dieselbe Richtung fließen. Dann kommt der Strom abrupt zum Stillstand und kehrt sich um, um dann genau 58 Sekunden lang andersherum zu fließen. Es gibt keine bekannte Erklärung für dieses Phänomen, aber es geht immer weiter: 58 Sekunden in die eine Richtung, 58 Sekunden in die andere. Vor und zurück. Vielleicht ist es der Rhythmus des Universums.

Ein metronomisches Mittel wurde entwickelt und sorgfältig mit der Fluktuation synchronisiert. Dann wurde, während das Metronom das ursprüngliche Zählmaß beibehielt, die Flechte anästhetisiert, so daß der Strom komplett zum Stillstand gebracht wurde. Es trat eine völlige Inaktivität der Substanz ein, während das Metronom seinen Schlag fortsetzte. Allmählich verebbte die Anästhesie, und der Fluß in den Bächen setzte wieder ein, wobei er den ursprünglichen Rhythmus, wie ihn das Metronom anzeigte, wieder aufnahm. Das schien auf dramatische Weise darauf hinzudeuten, daß der Fluß von einem Strom des Lebens gelenkt wurde, der vollkommen transzendent gegenüber dem Leben der Flechte war, die „außerhalb seiner“ gewesen war.

Dies würde darauf hindeuten wollen, daß der Herzschlag, das Fließen des Blutstroms und die Regulierung von Körperflüssigkeiten sehr wohl dem Rhythmus eines transzendentalen Konduktors folgen mögen. Dr. Donald Hatch Andrews nennt es die *Symphonie des Lebens*.

Die wichtige Erkenntnis aus diesem Experiment ist, daß sogar in der inaktivierten Substanz ein Strom im Spiel ist.

Das ist das große Wunder des Lebens – der Schlüssel zu aller Heilung. Durch dieses grundlegende Prinzip und diesen fundamentalen Vorgang kann von jeder Person, egal wie ihr Zustand ist, mit Zuversicht gesagt werden: „Du kannst geheilt werden." Die angewendeten Mittel mögen vielfältig und unterschiedlich sein, aber der Grund für die Heilung ist einer: die unbezweifelbare Vollkommenheit des Universums. Sie *können* geheilt werden, weil Sie bereits heil und vollkommen sind! Die zufällig gegebenen Tatsachen mögen Ihr Urteilsvermögen und Ihren Glauben einschränken, aber die grundlegende Wahrheit bleibt: Sie sind ein Kind des Universums, und spirituell können Sie nie vom Strom des Lebens abgeschnitten werden.

Es ist ein Axiom der modernen Medizin, daß die einzige Krankheit die „Blockierung" ist und daß alle anderen Erkrankungen nur eine Intensivierung dieser Blockierung sind, die das natürliche Fließen des Heilungsstromes hemmt. Jede Blockierung faßt zuerst im Geiste Fuß. Jesus nannte es *Widerstand*. Moderne Forscher mögen es *Streß* nennen.

In der Elektronik gilt das Ohmsche Gesetz, das besagt: I = U : R. (Der Strom entspricht der Kraft der Quelle geteilt durch den Widerstand.) Selbst die besten Leiter bieten irgendeinen Widerstand, und man kann keinen Strom liefern ohne irgendeinen Leiter.

Stellen Sie sich eine elektrische Heizung oder eine Kochstelle vor. Strom fließt durch Drähte (normalerweise aus Kupfer, weil sie gute Leiter mit wenig Widerstand sind) zu einer zentralen Heizspirale, hergestellt aus einer speziellen Legierung, die der Elektrizität gezielt Widerstand entgegensetzt. Das Ergebnis? Der Widerstand gegenüber dem Strom setzt den Strom in Hitze um. Eine elektrische Glühbirne funktioniert nach dem gleichen Prinzip, nur daß der

Glühfaden „weißglühend“ wird und den Strom in Licht umsetzt.

Sehen Sie jetzt die Verwandtschaft hiervon zu dem physischen Körper als dem Kanal, durch den der Heilungsstrom (oder Strom des Lebens) fließt. Widerstand beginnt im Geist, wo selbstbeschränkende Einstellungen zu schlechten Leitern für den Strom werden. Dann beginnen die Körperzellen, die sich nach dem geistigen Zustand richten, Widerstand und Blockierung zu erfahren. Das Ergebnis: Der Heilungsstrom des Lebens wird in Fieber, Schmerz und fortschreitenden Verfall verkehrt. Natürlich ist das eine extreme und übermäßige Vereinfachung, aber sie zeigt auf, wie die Einschränkung des Bewußtseins Streß produziert, der wiederum all die Leiden, die der physische Körper erfährt, verursacht.

Eine häufige Beschwerde, die mit dem Kranksein verwandt ist, ist der Mangel an Energie – das Gefühl, die ganze Zeit müde zu sein. Müdigkeit ist eine Tatsache, die mit der Lebenserfahrung verbunden ist. Aber die grundlegende Wahrheit ist, daß es nie eine Energieknappheit gibt, selbst wenn Sie müde sind. Das körperliche System ist erstaunlich in seiner Fähigkeit, Energie zu mobilisieren, indem es den Heilungsstrom fließen läßt. Beobachten Sie einen Athleten, der momentan von einer Spitzenleistung im Wettkampf erschöpft ist. Er wirft sich vielleicht auf den Boden, und in Kürze wird er seine Kraft zurückgewinnen. Bald ist er mit erneuerter Kraft wieder im Wettbewerb.

Das erinnert an jenen großartigen Gedanken von Jesaja 40:31: „*... aber die auf den Herrn harren, empfangen immer neue Kraft, daß ihnen Schwingen wachsen wie Adlern, daß sie laufen und nicht ermatten, daß sie wandeln und nicht müde werden*“. Das biblische Wort für „harren“ kommt vom hebräischen qavah (kawvaw), was wörtlich „zusammenbinden“ bedeutet. Es hat im wesentlichen dieselbe Bedeutung wie die Wortwurzel für Religion, das, was den Menschen mit Gott verbindet oder vereint. Auf den Herrn zu harren bedeutet dann also, in Einklang zu kommen, eins zu werden, in den Strom hineinzugelangen. Es kann in der Bejahung zusammengefaßt werden: *Sei stille und wisse... ich bin im Strom.*

Neun Zehntel aller Ermüdung (bei gesunden Personen) liegt an psychologischen und nicht physiologischen Faktoren: finanziellen Sorgen, unbefriedigenden Arbeitsbedingungen, Sinnlosigkeit im Leben, gefühlsmäßigen Belastungen zu Hause oder im Geschäft, Furcht vor Verlust der eigenen Arbeit usw.. Energie, ein wahrer Niagarafall davon, ist ständig in Ihnen, gehemmt durch Kräfte, deren Sie sich vielleicht nicht bewußt sind. Sie können die Wahrheit erkennen, „auf den Herrn harren“, die Schranken entfernen, in den Strom eintreten und solche Energievorräte freisetzen, daß es Sie in Staunen versetzen wird.

Offensichtlich ist vieles zugunsten einer richtigen Ernährung zur Schaffung und Beibehaltung eines gesunden Gleichgewichts des körperlichen Systems zu sagen. Aber damit müssen sich Spezialisten auf diesem Gebiet befassen. Wie dem auch sei, es ist bedeutsam, daß Jesus sagte: *„Nicht vom Brot allein wird der Mensch leben, sondern von jedem Wort, das aus dem Munde Gottes hervorgeht“* (Matt. 4:4). Dieses lebendige Wort Gottes ist der „Heilungsstrom“, der in jedem und durch jeden fließt. Der Körper hat eine erstaunliche Fähigkeit, Nährstoffe für seine Bedürfnisse aufzunehmen und durch den bloßen Akt des Glaubens wirkliche Verwandlungen zu bewirken.

Ihr Körper ist der Tempel des lebendigen Gottes. Er wird

ernährt, mit Leben erfüllt und erhalten durch den heilenden und erneuernden Strom des Lebens. Wenn Sie sich bewußt im Strom halten, werden Sie dazu angeleitet werden, diejenigen Dinge zu essen, die der Körper verlangt. Ihre geschmacklichen Vorlieben werden sich verändern, so daß Sie anfangen werden, sich das zu wünschen, was Sie brauchen, und nicht nur das, was den Gaumen kitzelt. Sie werden auch entdecken, daß sich in Ihren natürlichen Eßgewohnheiten eine geistmotivierte Diät herausbildet. „Auf der rechten Seite des Bootes" wird Ihr Gewicht normalisiert werden, Ihre Nahrung wird leicht verdaut, assimiliert und ausgeschieden werden, und Sie werden zu der befreienden Erfahrung gelangen, zu essen, um zu leben, statt zu leben, um zu essen.

Jesus behauptete, wichtiger als das, was in den Mund gehe, sei das, was daraus herauskomme. Vielleicht drückte Er sich dabei witzig aus. In einem zeitgemäßeren Idiom hätte Er sagen können: „Ehe du morgens die erste Tasse Kaffee trinkst, nimm dir Zeit, um dich bewußt im Strom des Lebens einzurichten." Während des nächtlichen Schlafes haben Sie vielleicht eine Erneuerung Ihrer Energie und eine neue Perspektive für den kommenden Tag erfahren. Aber Sie werden bald schon vor den ganz gewöhnlichen alltäglichen Problemen stehen. Es wird nötig sein, daß Sie bewußt erkennen, daß Sie im Strom sind.

Nehmen Sie sich, noch ehe Sie aufstehen, im Bett einige Momente Zeit, „auf den Herrn zu harren" bzw. sich „einzuschalten". Der Strom des Lebens ist wie immer in Ihnen, aber Sie müssen Ihre Gedanken bewußt auf die richtige Seite bekommen. Sie können etwas wie dieses bejahen: *Ich bin im Strom des Lebens, und ich bewege mich mühelos mit dem Strom. Ich bin strahlend und mit Begeisterung lebendig. Ich bin frei von Anspannung, Streß und Belastung, und ich gehe im Strom des Lebens vorwärts – ohne Eile und ohne Sorgen.*

Dann beschließen Sie, daß Sie nur auf der richtigen Seite des Bootes fischen wollen. Halten Sie sich frei von negativen Reaktionen und dem Gefühl belastenden Wettbewerbs. Ihr Leben muß von der Innenseite nach außen gelebt werden. Die Dinge, die um Sie herum passieren oder die Ihnen zustoßen, können nur wenig Bedeutung für Ihr körperliches Wohlbefinden haben. Was zählt, sind die Dinge, die in Ihnen geschehen. Im Orient sagt man: „Du kannst vielleicht die Vögel nicht davon abhalten, über deinen Kopf zu fliegen, aber du kannst sie davon abhalten, in deinem Haar Nester zu bauen." Wenn Sie im richtigen Bewußtsein sind, werden Sie feststellen: „Nichts hiervon berührt mich." Sie werden bewußt im Strom sein.

Die erste Krise des Tages wird eintreten, wenn jemand fragt: „Wie geht es dir?" oder „Wie fühlst du dich?" Nun können Sie wählen: (1) „So, wie die Dinge stehen, fühle ich mich furchtbar; mein Rücken schmerzt, mein Magen ist durcheinander, ich habe Fieber" usw.. Oder: (2) „Ich bin von Grund auf im Strom des Lebens; es geht mir wunderbar." Die negative Antwort, mag sie auch noch so sehr den Tatsachen entsprechen, wird dazu tendieren, jenen Bewußtseinszustand fortzusetzen und beständige streßproduzierende Einstellungen und die damit korrespondierenden Erscheinungen von körperlicher Blockierung, Schmerz und Verfall hervorzurufen.

Emerson sagt, man solle sich mit unaufhörlichen Bejahungen gürten. Der Grund dafür ist leicht einzusehen: Auf diese Weise verschieben Sie den Fokus von der Leere zur Fülle, Sie wenden sich auf die andere Seite des Bootes, und Sie bewegen sich tatsächlich auf eine Veränderung Ihrer

Bewußtseinsebene zu. Und Sie sind dabei nicht unaufrichtig, denn Sie sind *immer* im Strom, und Sie sind immer voll von Wunderbarem wegen der „unbezweifelbaren Ganzheit des Universums".

In dem Moment, in dem Sie anfangen, von der richtigen Seite aus zu arbeiten, erkennen Sie, daß Ihre Gesundheit „jetzt hier" ist. Sie können zuversichtlich sagen: *Ich bin jetzt voller Leben und Gesundheit.* Der kurze Schritt von „nirgends" *(nowhere)* zu „jetzt hier" *(now here)* ist die Pause, um *stille zu sein und zu wissen... ich bin im Strom.*

Wann immer Sie ein gesundheitliches Problem haben, denken Sie daran, *Gesundheit ist jetzt hier.* Der wichtigste Faktor bei der Heilung ist, aus dem „Nirgends"-Bewußtsein herauszukommen. Auf dieser Ebene wird die Heilungsanstrengung durch Furcht motiviert und durch die Anstrengung des überaus besorgten Bemühens, Heilung zu finden, vereitelt. Der erste Schritt sollte immer sein, in den Strom einzutreten. Das Leben ist ganz, und Sie können in Ihrer Realität nie weniger als ganz sein. Paulus sagt: „... *unser Erkennen ist Stückwerk.... Wenn aber das [im Bewußtsein] Vollkommene kommen wird, dann wird das Stückwerk abgetan werden*" (I. Kor. 13:9-10). Verankern Sie diese Vorstellung in Ihrem Bewußtsein. Bejahen Sie: *Ich bin ein Kind des Universums, ewig im Heilungsstrom verankert. Ich werde auf jede Weise gestärkt, erneuert, wiederhergestellt und vollkommen geheilt.*

Bleiben Sie sich dessen bewußt, daß der Heilungsstrom beständig ist – nicht nur dann gegenwärtig, wenn Sie bejahen, daß er arbeitet. Sie sind beständig in diesem Strom, selbst wenn Sie auf der falschen Seite des Bootes gefischt und in Ihrer Erfahrung weniger als Wohlbefinden manifestiert haben. Was notwendig ist, ist nicht, die Krankheit zu überwinden, sondern einfach, in den Strom hineinzukommen. Jeder Versuch, das physische Problem zu „überwinden", kann gut noch weitere Anspannung und weiteren Streß hervorrufen, was Bedingungen schaffen wird, die Ihre Bemühungen zunichte machen oder Ihren Zustand sogar verschlimmern könnten.

Es gibt einen Heilungsstrom. Er ist eine der großen Lebensrealitäten. Wo immer auch nur ein schwacher Schimmer von Leben ist, da ist dieser Strom eine Realität und ein Potential für Hilfe und Heilung. Man mag die Frage stellen: „Ist es möglich, daß dieser Zustand geheilt wird?" Wer kann das beantworten? Denn der Zustand ist eine Fixierung im Bewußtsein der Person. Stellen wir eine andere Frage: „Ist es möglich, daß eine Struktur von großem Gewicht durch die Schwerkraft am Boden festgehalten wird?" Natürlich ist es möglich – und unvermeidlich –, denn die Schwerkraft ist eine unerbittliche Kraft.

Es gibt keine unheilbare Krankheit – nur unheilbare Personen, die in gewisse negative Bewußtseinszustände eingesperrt sein mögen. Aber Bewußtsein *kann* verändert werden. Man sollte den Prozeß nicht übersimplifizieren und auch nicht annehmen, daß sich durch das Aufsagen von ein paar Bejahungen oder durch ein paar metaphysische Behandlungen mit Leichtigkeit ein Wunder der Erneuerung einstellen werde. Die Wahrheit jedoch ist: *Du kannst geheilt werden; du kannst dem ewigen Strom des Lebens den Weg öffnen.*

Fließe, fließe, Fluß der Heilung,
Segen, größer als Reichtum.
Fließe reinigend, offenbare
Gottes Gabe, grenzenlose Gesundheit.

Aus einer alten Hymne

3. Kapitel

Die Realität des Überflusses

In einer Zeit, in der die Welt sich dem grimmigen Gespenst des Mangels gegenübersieht, ist es überaus notwendig, daß man die Allgegenwart der göttlichen Substanz begreift. Es ist kaum eine Frage, daß Menschen es manchmal nicht schaffen, das Leben voll zu erfahren, oder daß sie sogar einen bleibenden inneren Hunger verspüren können. Aber die große Wahrheit der „Realität des Überflusses" ist, daß es eine legitime Fülle für jeden Menschen gibt, die er für sich selbst in Anspruch nehmen kann und muß, und daß Mangel jedweder Art in der menschlichen Erfahrung das Ergebnis irgendeiner Art von Behinderung des freien Flusses des Schöpfungsprozesses ist.

Laotse lehrte dieses Konzept des Stroms vor 3.000 Jahren. Er erklärte, daß der menschliche Geist seinen Ursprung in einem kosmischen Strom habe, so wie Flüsse ihren Ursprung in irgendeiner weit entlegenen Quelle haben. Seine Quelle zu finden, sagte er, heiße, das Geheimnis des Himmels und der Erde kennenzulernen. Das Leben verlangt von einem nur, daß man mit ihm fließt, daß man sich seinem unentrinnbaren Hervorsprudeln nicht widersetzt und daß man sich nicht in dunkle Ecken des Ungenügens verkriecht und Barrieren errichtet. So ist das Geheimnis von Wohlstand und Erfolg, daß sie durch einen kommen und nicht bloß zu einem.

Natürlich widerspricht dies der „Weisheit der Welt", die

gefragt hat: Möchtest du Geld verdienen, deinen Lebensunterhalt bestreiten, Sicherheit erreichen und Ruhm und Glück gewinnen? Alles kann man „da draußen“ auf dem Marktplatz haben. Natürlich lernen Sie bald, daß eine Menge anderer Leute sich dort draußen verzweifelt um die gleichen Früchte des Erfolges mühen. Sie mögen sogar die Belastungen von Konkurrenzkampf und der begrenzenden Sichtweise erfahren, daß der Erfolg eines anderen Ihr Versagen, der Gewinn eines anderen Ihr Verlust sei.

Aus diesem Grunde besteht Emerson darauf, daß man „die Weisheit der Welt verlernen“ müsse, denn sie beschäftigt sich mit dem, was vor Augen, aber nicht wirklich ist. *„Richtet nicht nach dem Schein, sondern übet gerechtes Gericht“*, sagte Jesus (Joh. 7:24). Es möchte so scheinen, als sei Wohlstand einfach eine Angelegenheit des Geldhabens. Aber die Wahrheit ist, daß er darin besteht, im Strom der Substanz zu sein.

Was ist Geld? Papierstückchen und Goldmünzen haben an sich keinerlei Wert. Ihr Wert ist symbolisch für eine Tätigkeit des Glaubens. Wenn Personen oder Organisationen aneinander glauben, investieren sie einen Schätzwert in verschiedene Umtauschmedien. Probleme tauchen auf, wenn sie das Symbolische mit dem Wirklichen verwechseln. Aus diesem Grunde sagt Paulus: *„... eine Wurzel aller bösen Dinge ist die Geldgier“* (I. Tim. 6:10). Nicht, daß irgend etwas essentiell Schlechtes am Gelde wäre, aber wir erfüllen das Geld mit schlechten Schwingungen, wenn wir für die Symbole arbeiten statt für den Fluß von Gottes universeller Substanz.

Wohlstand besteht nicht nur darin, eine Menge Geld zu haben. Er besteht darin, ein Bewußtsein für den Strom der Substanz zu haben. Das wahre „Wohlstandsbewußtsein“ ist beständig offen für den Strom, zieht Gelegenheiten sowohl zum Geben als auch zum Empfangen an, lenkt klug den Gebrauch der Substanz und bleibt frei von ihrer Last. Eine wichtige Richtlinie: Wenn Sie sich Sorgen über das Geld machen, das Sie haben oder nicht haben, dann sind Sie außerhalb des Stromes.

Was ist Erfolg? Wir haben ihn unglücklicherweise mit Stellungen und angesammelten Besitztümern gleichgesetzt. Wir haben gedacht, Erfolg stelle sich auf einer ganz bestimmten Stufe der Leiter oder mit dem Beifall der Welt ein. Das ist eine Täuschung. Erfolg ist nicht nur das 'Hingelangen'. Erfolg zu haben bedeutet, sich das Recht zu verdienen, *dort zu sein.* Es bedeutet, im Strom des schöpferischen Prozesses zu sein.

Das Streben nach Erfolg ist ein grundlegender Bestandteil des American Dream. In der von uns so hochgehaltenen idealistischen Sichtweise kann jeder 'nach oben kommen', den Gipfel des Erfolgs erreichen. Unglücklicherweise hat dies die Annahme wachgerufen, daß jeder den Wunsch verspüren sollte, das zu tun, und die Einschätzung, daß alles, was nicht direkt ein „Erfolg" ist, Versagen sei. Das Paradox ist, daß es in einer Kultur, die fast ausschließlich erfolgsorientiert ist, ein alles durchdringendes Versagensbewußtsein gibt. Denn wieviel Platz ist „oben"? Das ist, was wir das 'Erfolgssyndrom' nennen können.

So ist z.B. jemand, der ansonsten vielleicht ein kreatives und sinnvolles Leben führt, beinahe beschämt, zuzugeben, daß er seit zwanzig Jahren dieselbe Arbeit hat. Die Leute denken – und sagen es manchmal auch –: „Bist du immer noch bei dieser Arbeit? Was ist bloß los mit dir?" Es stimmt, es mag ihm an Ehrgeiz fehlen. Aber es könnte sein, daß er da ist, wo er ist, weil er sich in dem, was er ist, sicher fühlt.

Er mag viele Male eine bewußte Entscheidung getroffen haben, sich dem Druck zur Konformität zu widersetzen und sich nicht an der allgemeinen Suche nach dem „Heiligen Gral" des materiellen Erfolges zu beteiligen. Statt dessen mag er sich dafür entschieden haben, bei der Art von Arbeit, die er tut, und der Art von Leben, die er mit seiner Familie führt, der Qualität den Vorzug zu geben.

Angespornt vom 'Erfolgssyndrom' fassen viele Leute als Ziel ins Auge, eine Menge Geld zu machen. Es gibt nur zwei Wege, um „Geld zu machen": (1) bei der staatlichen Münzprägeanstalt zu arbeiten oder (2) ein Fälscher zu werden.

Der Drang, „Geld zu machen", ist eine grundlegende menschliche Reaktion auf den Sammlerinstinkt, aber es ist ein sicherer Weg, um sich aus dem Strom der universellen Substanz herauszubringen. Wir mögen Erfolg darin haben, unser Selbstbildnis in aufgemalter Opulenz zu Papier zu bringen und unser Leben um einen stagnierenden Pool des Materialismus herum aufzubauen, aber unter dem Blickwinkel der Lebensfülle betrachtet sind wir außerhalb des Stromes. Das mag der Grund sein, warum Salomo sagte: *„Erwirb Weisheit, erwirb Einsicht um all deinen Besitz!"* (Sprüche 4:7).

Eines der grundlegenden Prinzipien des „Lebensstromes" ist die *Realität des Überflusses*. Das Wort „Überfluß" wird normalerweise im Zusammenhang mit Dingen gebraucht: Häuser, Autos, Geld – Materielles allgemein. Das ist in Wirklichkeit eine Verfälschung der wahren Bedeutung des Wortes. Es bedeutet „das Hervorfließen" oder „das freie Fließen". Dieselbe Verfälschung findet man beim Gebrauch des Wortes „Währung" (*currency*). Wir gebrauchen den Begriff in bezug auf Geld in Bündeln oder auf dem Konto.

Aber er impliziert einen Fluß[3]. Sicherlich hat Geld keine Macht außer in seiner Verwendung.

Wenn Sie zum Bewußtsein des Stroms des schöpferischen Prozesses in Ihnen gelangen, wird es eine ständige Innenlenkung in Ihrem Leben geben, die zu einem tiefen Sinnempfinden führt und ganz nebenbei, während sie hervorfließt, auch zu den Autos, den Häusern und dem Geld führt, die ein Teil dieses Sinns sind – aber ohne daß eines von ihnen zum Ziel des Lebens würde; sie alle sind vielmehr eine freudige Erfahrung in seinem freien Fluß.

Das geht sehr deutlich aus den Lehren Jesu hervor, obwohl es im allgemeinen durch ein Versäumnis verdunkelt wird, den Prozeß des Von-innen-nach-außen, den er deutlich zur Sprache brachte, zu begreifen. Er sagte: *„Suchet... zuerst sein Reich..., dann werden euch alle diese Dinge hinzugefügt werden“* (Matt. 6:33). Er redet nicht über einen Ort im Raum, sondern über eine Tiefe im Bewußtsein. Das Reich Gottes ist der universelle Strom in uns. Es ist die eine große Wirklichkeit hinter jeder Erscheinung.

Begib dich in die Mitte des Stromes, sagt Emerson, und du wirst mühelos zu einer „richtigen und vollkommenen Zufriedenheit“ hingetrieben werden. Dieser Strom des Lebens ist die einzige Realität. Zu wissen, daß Sie in der Strömung dieses Flusses sind, ist die Grundlage für den Glauben und die einzige Art von Sicherheit, die Sie je erfahren können. Und dieser Fluß, der aus Ihrem Innern hervorströmt, hat keine andere Absicht, als durch Sie und als Sie zu fließen. Das ist der Grund, warum Jesus sagte, daß es des Vaters Wohlgefallen sei, uns das Reich zu geben.

Es gibt in dieser neuen Einsicht keinen Raum für die alte Überzeugung, daß Gott Mangel oder Begrenzung wolle oder daß es eine Gnade sei, arm zu sein. Die Seligpreisung sagt:

„Selig sind, die da geistlich arm sind; denn das Himmelreich ist ihr“ (Matt. 5:3). Dem ist die Bedeutung beigemessen worden, daß jemand in seiner Armut gesegnet sei, weil er seine Belohnung in irgendeiner zukünftigen Erfahrung an irgendeinem weit entlegenen Ort erhalten werde, wo die Straßen sozusagen ‘mit Gold gepflastert’ sind. Das ist völlig unvereinbar mit der Dynamik der Lehre Jesu.

„Geistlich arm“ bedeutet „arm an Stolz“ oder auch reich an einer Haltung der Demut. Es bedeutet, das Ego und die eigensinnige Entschlossenheit loszulassen, etwas haben zu wollen, ohne zuerst etwas zu *sein.* Geistlich arm zu sein bedeutet, offen und empfänglich für den Strom des Guten von innen nach außen zu sein. Und das Versprechen lautet: „Dir gehört das Himmelreich.“ Sie werden die ungeborene Möglichkeit grenzenloser Substanz, die auf immer in Ihnen liegt, zur Welt bringen.

„Die Praxis der Gegenwart Gottes“ ist eine Einsicht, die für viele inspirierend gewesen ist. Ihre volle Bedeutung wird jedoch selten erfaßt oder gelehrt. Die Gegenwart Gottes ist die Tätigkeit Gottes, die in Ihnen und *als* Sie *gegenwärtig* ist. So bedeutet das Praktizieren der Gegenwart, das Denken zu praktizieren, daß Sie von einer göttlichen Gegenwart umgeben sind, die Ihnen Gutes will, weil Sie ihr Leben zum Ausdruck bringen. Der Strom des Lebens ist das Wesen Gottes an sich und die natürliche Erfahrung des Menschen. Im letzten Kapitel haben wir uns mit der Vorstellung beschäftigt, daß Gesundheit die natürliche Ausdrucksform des Lebens ist und daß es nicht natürlich ist, in irgendeiner Form krank zu sein. Auf dieselbe Weise ist Überfluß bzw. das freie Fließen der Substanz für Sie der natürliche Stand der Dinge. Es ist unnatürlich, daß Sie zu irgendeiner Zeit auf irgendeine Weise Mangel erfahren. Charles Fillmore drückte es ganz unverblümt so aus: „Es ist eine Sünde, arm zu sein."

Es ist ein langer Weg von der „Gnade der Armut" zu dieser neuen Einsicht, daß Mangel eine Sünde ist. Fillmore hatte damit keine Verurteilung desjenigen Teils der Gesellschaft im Sinn, der unterhalb der „Armutsgrenze" lebt. Das Wort „Sünde" muß hier im Zusammenhang mit Laotses Gedanken, daß „alles schlecht ist, was den Strom schöpferischen Handelns blockiert, und alles gesund ist, was mit dem Universum strömt", gesehen werden. Sünde ist mehr als bloß Akte oder Erfahrungen der Begrenzung. Es ist die Verhinderung des Gott-Prozesses, die diese Begrenzungen hervorruft. Wo immer Mangel irgendeiner Art vorliegt, muß es eine Vereitelung des Stroms des Überflusses geben. Ehe nicht dieses grundlegende Prinzip erkannt ist und Korrekturmaßnahmen ergriffen werden, werden alle Armutsprogramme der Welt die Dinge innerhalb der Gesellschaft nicht wirklich ändern.

Sie sind nicht außerhalb des Universums geschaffen. Sie sind ein integraler Bestandteil davon, ein dynamisches Zentrum innerhalb seiner. Die Allheit der universellen Substanz geht beständig in die „Jeweiligkeit", die Sie sind, ein und durch sie hindurch. Dieser schöpferische Strom hat Sie hervorgebracht, und Sie gehören zu ihm und in ihn hinein, und zwar in einem lebenswichtigeren Sinne, als er zu Ihnen gehört. Es ist nicht nur, daß Sie ihn geerbt haben. Sie sind seine Ausdrucksform. Der freie Fluß der Substanz in Ihnen ist die Fortsetzung der göttlichen Bemühung, die Sie ursprünglich gemacht hat.

Sie mögen geneigt sein, Ihre Lebensbedingungen auf der Grundlage der Börsengeschäfte, der Inflationsrate oder der Arbeitsmöglichkeiten zu beurteilen. Diese Tendenz und all die „Tatsachen“, die sich dadurch anhäufen, müssen „verlernt“ werden. Sie müssen lernen, „ein rechtes Gericht zu richten“, die transzendentale Wahrnehmung des Lebens in einem dynamischen Universum zu erreichen. Wie jemand weise sagte: „Ich bin viele Male pleite gewesen, aber ich war niemals arm.“ Die Wirtschaftslage mag in Rezessionen und Depressionen schwanken, aber Sie können nie von der allgenügenden Substanz des Geistes abgeschnitten werden. Wohlstand ist so das Gesetz des Universums und nicht bloß ein Zustand derjenigen, die Glück haben.

Paulus sagt: *„Mein Gott aber wird all euer Bedürfnis nach seinem Reichtum in Herrlichkeit erfüllen“* (Phil. 4:19). Jedes Bedürfnis! Es ist ein phantastisches Versprechen! Nehmen Sie jedoch zur Kenntnis, daß er nicht sagt, daß Gott Ihren Mangel ausfüllen werde[4]. Ein Bedürfnis ist ein zu füllendes Gefäß, während Mangel ein Geisteszustand ist, eine Begrenzung des Bewußtseins. Halten Sie eine Tasse unter einen offenen Wasserhahn, und sie ist schnell gefüllt. Dieser Vorgang würde jedoch vollständig vereitelt werden, wenn die Tasse mit der Unterseite nach oben unter den Wasserfluß gehalten würde.

Könnte es dies sein, was der Psalmist im Sinne hatte, als er sang: .“.. *mein Becher strömt über“* (Psalm 23:5)[5]? Vielleicht ist es nicht nur die freudige Erkenntnis, daß „die Dinge großartig laufen“. Vielleicht ist es eine Aussage über den Prozeß, der in guten wie in schlechten Zeiten im Spiel ist. Da es *„eurem Vater gefallen [hat], euch das Reich zu geben“* (Luk. 12:32), fließt Ihr Becher immer über. Sie sind immer im Strom des Überflusses, aber manchmal mögen Sie den Strom unachtsamerweise durch ein Bewußtsein, das auf Negation und Selbstbegrenzung festgelegt ist, vereiteln.

Das kann sehr wohl die „unverzeihliche Sünde“ sein: die

vorgefaßte Meinung. Falls Sie davon überzeugt sind, daß Ihr Leben leer ist, daß Sie diskriminiert worden sind, daß Sie nie eine Chance im „Hauptstrom des Lebens“ gehabt haben, dann fließt Ihr Becher über – direkt über die Unterseite eines verkehrt herum gehaltenen Gefäßes. Die Sünde kann insofern nicht vergeben werden, als niemand die Situation ändern kann außer demjenigen, der den Strom blokkiert. Sie mögen um Wohlstand beten und meditieren, aber ehe Sie nicht bewußt und empfänglich in den Strom eintreten, wird es keine Veränderung geben.

Sie mögen sich in Ihrer Sorge und Furcht wegen finanzieller Probleme oder in Ihrem Widerstand und Ihrer Abneigung gegenüber Personen oder Kräften, die Ihnen Ihr Gutes fernzuhalten scheinen, gerechtfertigt fühlen. Aber die nackte Wahrheit ist die, daß der freie Fluß der Substanz von innen her eingedämmt wird und nicht von außen. Das ist es, warum Jesus sagte: *„Willfahre schnell deinem Gegner“* (Matt. 5:25). Der Gegner ist nicht der Wettbewerb oder der persönliche Antagonist „da draußen“. Es ist Ihr negatives oder feindliches Denken über sie. Niemand kann Ihnen Ihr Gutes vorenthalten außer Ihnen selbst.

Wenn Sie bewußt im Strom sind, lösen Sie eines der großen Probleme des Lebens: Sie fühlen den schöpferischen Prozeß beständig in sich und durch sich fließen, und so gibt es kein Gefühl der Furcht, Sorge oder Unsicherheit. Denken Sie daran, daß Jesus sagte, wir sollten uns nicht darum sorgen, was wir essen oder anziehen würden, sondern wir sollten auf das Bewußtsein hinarbeiten, daß wir in dem Strom sind, in dem für alles gesorgt werden wird. Ein Festhalten in Furcht, angestrengtem Bemühen oder Sorge aus einem Gefühl persönlicher Unzulänglichkeit heraus ist eine so wirksame Vereitelung des Stroms, als träten Sie fest auf den Gartenschlauch. „Loszulassen“ impliziert nicht Gedankenlosigkeit oder unreife Verantwortungslosigkeit. Es ist eine Bereitschaft, das Gesetz wirken zu lassen. Wirf die Bürde auf den Herrn! Hör auf, dir Sorgen zu machen, und fang an zu glauben!

Emerson hatte dieses Bewußtsein des Lebensstromes, der dem Menschen als eine Gegenwart innewohnt und der beständig als eine Quelle durch ihn hervorsprudelt. Er behauptet, daß unser Anteil, wenn wir ihn nicht haben, uns buchstäblich entgegeneile, um uns zu treffen, und uns wie ein Schatten folge.

Einer der Wege, ein solches Konzept in die Praxis umzusetzen, steht in Verbindung mit der eigenen Arbeit. Wenn Sie eine Stelle suchen, dann lassen Sie das Gefühl aufkommen, daß jemand nach Ihnen sucht. Bejahen Sie, daß es einen richtigen Platz für Sie gibt und daß Sie auf allen Ihren Wegen, diesen Platz zu finden, geführt werden.

Es ist lebenswichtig, daß Sie Ihre Einstellung Ihrer Arbeit gegenüber sorgfältig analysieren. Wenn Sie sich die Arbeit als einen Ort denken, um ‘Geld zu machen’ oder den Lebensunterhalt zu bestreiten, dann sind Sie aus dem Lebensstrom herausgeraten. Sie widersprechen dem grundlegenden Prinzip, daß das Leben von innen nach außen gelebt wird. Arbeiten Sie nicht, um sich den Lebensunterhalt zu verdienen, sondern um sich ein Leben zu verdienen. Die meiste Unzufriedenheit mit der eigenen Tätigkeit entspringt aus der Neigung, Nachdruck auf das zu legen, was die Arbeit für einen tut, statt auf dasjenige, was durch einen hindurchströmt, während man arbeitet.

Emerson besteht darauf, daß man die eigene Arbeit, egal worin sie bestehen mag, als etwas Eigenes annehmen soll. Egal welches Ihre Beschäftigung ist, lassen Sie das, was

Sie tun, „organisch“ sein; lassen Sie es in Ihren Knochen sein. Er sagt, auf diese Weise öffne man dem Überfluß des Himmels und der Erde die Tür, damit er durch einen hindurchströmen kann.

Jede Arbeit ist eine Gelegenheit, durch die Sie in den Strom des Lebens eintreten können. Es spielt keine Rolle, von welcher Art die Arbeit sein mag. Was zählt, ist die Einstellung, mit der Sie sie in Angriff nehmen. Die Unterstützung des Universums ist beständig in Ihnen, und der schöpferische Prozeß sucht beständig, durch Sie hervorzuströmen. Meditieren Sie über diese Wahrheit, während Sie morgens an Ihrem Schreibtisch (oder auf Ihrer Bank oder an Ihrer Kasse) sitzen. Sagen Sie nicht einmal im Spaß „Wieder ein Tag, wieder ‘ne Mark“. Sie arbeiten, und Sie werden für die Arbeit bezahlt. Aber wenn das alles ist, was Sie erfahren, werden Sie immer unterbezahlt und nicht ausgefüllt sein.

Wenn ein Blitz schlagartig den Himmel erhellt und in einen Baum einschlägt, erleben Sie eine Illusion. Was das Auge nicht sieht, ist der winzige „Leitblitz“ von Energie, der herunterschießt, um Kontakt mit dem Baum zu schließen. Das heftige Aufflammen des Blitzes, das den Himmel erleuchtet, ist die große Ladung der Erdmasse, die an diesem winzigen Blitz in die Wolken hinaufströmt. Es ist nicht der Blitzschlag aus dem Himmel, der den Baum trifft und ihn zerstört, sondern die gewaltige Ladung, die aus dem Baum selbst hervorfließt.

Denken Sie darüber nach und übertragen Sie es auf Ihre Arbeit. Es könnte so scheinen, als sei Ihre Beschäftigung das Mittel, Geld von der Welt zu Ihnen hinzuziehen. Und natürlich ist sie das auch, aber es gehört noch so vieles mehr dazu. Sie sind ein Fokus des Überflusses von Himmel und

Erde. Die Arbeit ist der Kontakt, durch den sich ein Strom entfalten kann. Nötig ist nun, die Gegenwart dieses inneren Stroms zu praktizieren. Meditieren Sie über die Idealvorstellung, daß der schöpferische Prozeß des Universums von allen Seiten in Sie einrauscht, einströmt, einfließt, während Sie Ihre Arbeit tun. Bekommen Sie dieses Gefühl so stark, daß Ihr ganzes Sein vor Begeisterung sprudelt und Ihre Finger vor Kraft prickeln. Wenn Sie in diesem Bewußtsein arbeiten, sind Sie im Strom des Lebens. Ihre Arbeit wird effektiv getan, aber ohne Ego. Und weil ein wahrer Geist des Gebens da ist, wird es auch eine befriedigende Demonstration des Empfangens geben.

Wenn Sie Arbeit brauchen oder wenn Sie Verbesserung in Ihrer Arbeit oder neue Richtlinien in Ihrer Karriere brauchen, „praktizieren Sie die Gegenwart" dieses schöpferischen Stromes in sich. Erkennen Sie, daß Sie ein Werkzeug kreativer Potentialität sind, die nur danach sucht, einen Kontakt zu entdecken, durch den der Strom freigesetzt werden kann. Die mentale Einstellung wird auf der Ebene von „Geben" sein statt auf der von „Bekommen". Sie werden sich die Art von Arbeitsgelegenheiten zuziehen oder zu ihnen hingezogen werden, wo Sie sowohl Segen empfangen als auch ein Segen sein können. Und in dieser Art von Vertrag gibt es immer eine Manifestation von Wohlstand und Erfolg.

„Eine Gelegenheit klopft nur einmal an!" Wie oft haben wir dieses alte Sprichwort schon gehört! Es ist eines der vielen Axiome der „Weltweisheit", die verlernt werden müssen, denn es ist völlig falsch. Es ist ein Prinzip der Natur, daß es in jeder Person einen unaufhörlichen Fluß des unendlichen Prozesses gibt. Die Offenbarung drückt es symbolisch aus: *„'Siehe, ich stehe an der Tür und klopfe an.*

Wenn jemand meine Stimme hört und die Tür öffnet, werde ich zu ihm hineingehen und das Mahl mit ihm halten und er mit mir'" (Off. 3:20). So ist also die Wahrheit, daß die Gelegenheit beständig anklopft. Es ist, als lebten Sie in einem Land, in dem Sie an jedem Ort, an dem Sie nach Öl bohrten, eine Ölquelle zum Sprudeln bringen würden. Der innere Strom des Geistes ist beständig, und so muß man jede Art von Mangel oder Versagen auf die Vereitelung des Stromes im Bewußtsein zurückführen. *Und Bewußtsein kann man verändern!*

Maleachi 3:10 drückt es auf die klarstmögliche Weise aus: *„... und prüft mich hiermit..., ob ich euch nicht des Himmels Fenster auftun werde und Segen herabschütten, daß da nicht Raum genug sein soll, ihn aufzunehmen"*[6]. In der traditionellen Sichtweise eines Himmels „da oben" würde dies zu besagen scheinen, daß Gott Ihr Leben mit göttlichen „Süßigkeiten" anfüllen werde. Offensichtlich gibt es eine tiefere und einschlägigere Bedeutung.

Der Himmel ist in Ihnen, eben der Brennpunkt des Stromes des Unendlichen auf Ihnen. Daher müssen wir uns die innere Bedeutung von Maleachi noch einmal anschauen.

„Prüfe mich" bedeutet „komme in Übereinstimmung mit dem Strom".

„Ich werde euch, des Himmels Fenster, auftun." Das Einfügen von Kommata eröffnet eine neue, zusätzliche Bedeutung. Sie sind „des Himmels Fenster". Sie sind der offene Kanal für den Strom.

„Ich... werde... *euch*, Segen, herabschütten". Sie werden zu einem Segen des Lebens, der Kreativität und des Erfolges. „Es wird nicht Raum genug sein, ihn aufzunehmen", deutet darauf hin, daß Sie plötzlich mit mehr Gelegenheiten gesegnet werden, als Sie nach Ihren Möglichkeiten handhaben können. Das Leben ist reich und voll, weil Sie bewußt im Strom des Lebens zentriert sind.

Hier ist eine gute Erkenntnis, anhand derer man die Gegenwart praktizieren kann: *Gelegenheit ist, wo immer ich bin! Ich bin im Strom, und jeden Tag erwarte ich, daß neue Dinge geschehen, die den Weg zum Erfolg eröffnen. Ich lege mein ganzes Selbst in alles, was ich tue, und gieße mich aus als ein Segen, wohin ich auch gehe.*

Es ist etwas Großes, zu erkennen, daß der freie Strom des Unendlichen in Ihnen grenzenlos ist. Ihr Geist ist nicht bloß ein begrenztes Gefäß der Bewußtheit, das vielleicht gelegentlich durch irgendeinen Blitz göttlicher Inspiration bereichert wird. Es gibt nur einen Geist, und Ihr Geist ist ein Bewußtseinszustand innerhalb des Göttlichen Bewußtseins. Ideen sind die „Währung" des Geistes; sie sind umtauschbar und werden umgetauscht in Geld und in die Innovationen, die es anziehen. Weil Sie innerhalb der Allheit des Göttlichen Bewußtseins leben, sind Sie immer im Strom kreativer und erfolgbringender Ideen. Es gibt nie eine Grenze für den Strom, nur einen Glauben an Begrenzung, der ihn einschränkt.

Man erzählt sich eine Geschichte von Dave Brubeck, dem meisterlichen Musiker des improvisierenden Jazz, und seinem Kampf mit der Angst. Seit Jahren hatte er Konzerte auf der ganzen Welt gegeben, Nacht für Nacht, ohne Partitur und ohne vorherige Planung. Es war einfach ein beständiger Strom von Kreativität, Improvisationen und Modulationen, sich nie wiederholend, immer neu, anders und aufregend.

Eines Nachts, als er mit einigen Mitgliedern seiner Band während eines Schneesturms im Auto unterwegs war, begann er über das „Versiegen" der Kreativität nachzudenken.

Es gab eine kurze Zeitspanne, in der er von der eisigen Furcht durchdrungen wurde, daß er eines Nachts plötzlich auf dem Trockenen sitzen würde – keine Ideen, keine Melodien, keine Rhythmen. Weil das sein einziges Kapital war, war es einige Augenblicke lang eine niederschmetternde Erfahrung. Der Scheibenwischer begann zu kämpfen bei seiner Anstrengung, die Ansammlung von schwerem Schnee wegzuwischen. Und da war seine Antwort. Denn ihm fiel wieder ein, daß auf der ganzen Welt und während aller Zeiten schon immer irgendwo Schnee gefallen war und daß doch nie jemals zwei Schneeflocken identisch gewesen waren. Wie könnte der kreative Strom, von dem er so sehr abhing, jemals in ihm versiegen? Die Furcht war verschwunden und sollte nie wiederkommen.

Ja, Gott wird für jedes unserer Bedürfnisse sorgen, wenn wir unseren Geist in dem begeisterten Wunsch öffnen zu geben. Ideen, Pläne und Formen werden sich mühelos einstellen und frei strömen, Worte in unseren Mund legen, unsere Hände dirigieren und unsere Füße auf den Weg lenken, den wir gehen sollten. Alles, was von uns verlangt wird, ist, daß wir im Strom bleiben, im Geist und im Herzen durch positive Gedanken und schöpferischen Glauben offen bleiben, und daß wir uns weiter „auf unsere Träume zu" bewegen.

Das erinnert an die Lehre von Henry David Thoreau, dem Philosophen-Träumer, der in den Wald ging, um die Lebendigkeit des Im-Strom-seins zu erfahren. Ich kehre gelegentlich zu *Walden* zurück, denn er hat darin so vieles zu sagen, was für mein Bedürfnis, mich selbst und das Leben zu verstehen, bedeutsam ist. Er faßt seine *Walden*-Erfahrung zusammen, indem er sagt, wenn wir zuversichtlich in Richtung auf unsere Träume weitergingen und in den Strom der universellen Gesetze hineinkämen, würden wir dazu gelangen, mit der „Lizenz einer höheren Ordnung von Wesen" zu leben. Und vielleicht, nur vielleicht, ist dies, wie Jesus auf dem Wasser gehen konnte. Aber sicherlich werden wir – und einige würden dies ein noch größeres Wunder nennen – mit der Lizenz leben, unser Leben zu ändern, wenn wir bewußt im Strom des Lebens sind.

Nicht, daß Sie besser werden könnten oder sollten als ein anderer Mensch oder auch nur gut genug, um bestimmte weltliche Standards zu erfüllen. Das hieße, der Welt „da draußen" zuviel Macht zu verleihen. In der Weisheit des Ostens gibt es ein Axiom, das besagt: *Es ist nichts Edles daran, einem anderen Menschen überlegen zu sein. Wahrer Edelmut ist, deinem früheren Selbst überlegen zu sein.* Wenn Sie in das Bewußtsein des unaufhörlichen Lebensstromes gelangen, öffnen Sie fortgesetztem Wachstum und ständiger Besserung den Weg.

Überfluß, gesehen unter den Aspekten des freien Stromes der Ideen, der Substanz und der Kreativität, ist die eine Lebenswirklichkeit. Während Sie diese Wahrheit zunehmend erkennen und sich mit ihr identifizieren, wird es eine stetige Verbesserung Ihrer Stellung in der Welt geben. Im Strom des Lebens sind Sie im Einklang mit dem Reichtum des Universums, der Ihnen mitgehört und an dem Sie teilhaben können. *„Kommet her, ihr Gesegneten meines Vaters, ererbet das Reich, das euch von Grundlegung der Welt an bereitet ist!"* (Matt. 25:34)

4. Kapitel

Das Ausströmen des Lichts

Wir leben heute in einer komplexen und sich verändernden Welt. Wenn es etwas gibt, das man mehr als irgend etwas anderes braucht, dann ist es Licht: Licht im Sinne von Einsicht in das Selbst, Führung auf dem Lebensweg, Kenntnis der Geheimnisse des Universums – und die Weisheit, das Licht zu gebrauchen und nicht zu mißbrauchen. Die klarsten Denker, die die Menschheit hervorgebracht hat, haben ihren Lebensweg immer als eine Suche nach Licht angesehen. Man sagt, daß Goethe, der sein Leben mit dieser Suche verbrachte, als letzte Worte auf dem Totenbett ausstieß: „Mehr Licht!"

Und doch hat die Suche unveränderlich „da draußen" stattgefunden. Wir haben an Licht im Sinne von Ideen und Neuerungen gedacht oder haben uns darunter den Geist derjenigen vorgestellt, die sie hervorbrachten. Seine Jünger sahen Jesus als *das* Licht, statt ihn als jemanden wahrzunehmen, der bezeugte: *„Das wahre Licht, das jeden Menschen erleuchtet, kam in die Welt"* (Joh. 1:9). Es stimmt, daß Er sagte: *„Ich bin das Licht der Welt."* Aber Er sagte auch: *„Ihr seid das Licht der Welt. ... So soll euer Licht... leuchten"* (Matt. 5:14,16).

Licht ist die Realität Gottes in der ganzen Schöpfung. Es ist die Realität unseres eigenen Potentials. Alles Überwinden, alle Heilung, alle Selbsterweiterung ist der unvermeidliche Effekt des Aufdämmerns von Licht im Innern und seines Ausströmens nach außen. Dies ist es, wovon Jesaja sagt: *„Dann wird dein Licht hervorbrechen wie die Morgenröte und deine Heilung eilends sprossen“* (Jes. 58:8).

Der Mensch steht ewig am Kreuzweg menschlicher Erfahrung, und die Dunkelheit der Furcht und Unentschlossenheit ist überwältigend. Welchen Weg soll er einschlagen? Was auswählen? Für wen oder was stimmen? Eine der Hauptursachen für Streß ist ein Leben in dem Bewußtsein, daß selbst kleine Entscheidungen unser ganzes Leben beeinflussen können. Wer von uns kann sich nicht mit Robert Frost identifizieren, wenn er nachsinnt:

> Zwei Wege trennten sich in einem Wald,
> und ich –
> ich wählte den, der weniger bereist, für mich.
> Das machte allen Unterschied. 9)

Seit frühesten Zeiten hat sich der Mensch nach irgendeinem Weg gesehnt, über den Horizont hinauszusehen und so den endgültigen Verlauf jener „zwei Wege“ zu erkennen. Die Vorläufer der Religion sind die Medizinmänner, Wahrsager, Seher und Propheten, die in der Lage waren, in die Zukunft zu schauen, oder behaupteten, daß sie es wären. Das Wort *Vorsehung* an sich, lange als ein Synonym für Gott gebraucht, ist von den Wortwurzeln abgeleitet, die „vorausschauen“ bedeuten. Und die Wörterbuch-Definition des Wortes *Religion* ist „göttliche Offenbarung für menschliche Führung“.

Der Mensch hat instinktiv das Vorhandensein einer Lebensdimension verspürt, in der wie eine Strömung im Untergrund eine lenkende Kraft fließt, die ewig mit jedem bewußten Bedürfnis korrespondiert. Emerson spricht davon:

> Es gibt Führung für jeden von uns, und dadurch, daß wir demütig zuhören, werden wir das rechte Wort hören. Warum wählst du so qualvoll?... Gewiß gibt es ein mögliches Rechtes für dich, das von der Notwendigkeit... willentlicher Wahl entbindet. Für dich gibt es eine Realität, einen geeigneten Ort. ... Versetze dich in die Mitte des Stroms der Macht und Weisheit, der alle beseelt, die er schwimmend trägt, und du bist mühelos zur Wahrheit hingetrieben, zum Rechten und zu einer vollkommenen Zufriedenheit. 10)

Dieses Ausströmen des Lichts ist eines der Mysterien der Natur, wo wir es Instinkt nennen. Ein Lachs, in einem bestimmten Fluß aufgewachsen, verläßt instinktiv diesen Fluß und sucht sich seinen Weg zum Meer. Dann, zur geeigneten Zeit zur Paarung und zum Laichen, kehrt er zurück, über Tausende wegloser Meilen, zu ebendem Fluß, in dem er geboren wurde. Ein Vogel wird dazu geleitet, in ein wärmeres Klima zu ziehen, wobei er genau den richtigen Zeitpunkt wählt, in die bestimmte Richtung fliegt, seinen Weg zu einem Ziel bahnt, das er nie gesehen hat, und ohne sich zu irren wie auf einem Radarstrahl fliegt.

Wir sagen: „Ist die Natur nicht wunderbar?“ Und so entledigen wir uns schnell der Angelegenheit. Um Jesus mit anderen Worten wiederzugeben: „Wenn Gott die geringeren Geschöpfe im Leben so begabt hat, wird Er nicht euch noch um vieles mehr begaben, o ihr, die ihr geringen Glaubens seid?“ Wenn irgend jemand, sei es auch nur in einem kurzen Erschauen, Zeuge dieser Art von Innenlenkung wird, sprechen wir von „außersinnlicher Wahrnehmung“ oder einem „psychischen Phänomen“. Es ist eine äußerst subtile

Herabsetzung, denn sie ist darauf angelegt, den inhärenten Strom der Führung im Menschen zu leugnen, der genauso natürlich ist wie der Instinkt bei Tieren.

Mark Twain berichtete einmal von einem Zeitpunkt, wo er sehr dringend einen Artikel benötigte, den er viele Jahre zuvor für eine Zeitschrift verfaßt hatte. Er schrieb deswegen den Herausgebern, nur um mitgeteilt zu bekommen, daß die Nachfrage nach dieser besonderen Ausgabe so groß gewesen wäre, daß sie noch nicht einmal eine Kopie für ihre Akten übrigbehalten hätten. Seine einzige Kopie war ihm abhanden gekommen. Daher machte er sich mit großer Entschlossenheit daran, eine Kopie zu finden. Er begann, Freunde zu fragen, aber keiner hatte sie. Er sagte sich: „Ich weiß, daß es irgendwo eine Kopie gibt, und irgend jemand weiß, daß er sie hat. Eines Tages, zu irgendeinem Zeitpunkt, werde ich auf diesen Menschen stoßen."

Etliche Wochen später war er geschäftlich in New York. Er wartete an einer Ampel auf der Fifth Avenue Ecke 42. Straße. Plötzlich sprach ihn ein fremder Mann an, einer der Tausenden, die vorübergegangen waren: „Oh, Mr. Twain! Das ist komisch! Ich war gerade auf dem Weg zur Post, um Ihnen diese alte Zeitschrift zu schicken. Ich räumte letzte Nacht meine Akten auf und stieß darauf. Ich entdeckte, daß sie einen Artikel enthielt, den Sie geschrieben hatten, und da er schon vor einigen Jahren veröffentlicht wurde, kam es mir in den Sinn, daß Sie ihn vielleicht gerne haben würden." Er reichte Twain einen Umschlag und verschwand in der Menge. Er enthielt eben das Exemplar der Zeitschrift, nach dem er gesucht hatte.

Da sind jene, die es vorziehen, solche Vorfälle mit extremer Skepsis zu behandeln. Einige würden sagen: „Wenn es überhaupt geschehen ist, dann muß es ein rein zufälliges

Zusammentreffen gewesen sein!“ Aber die Chancen für so ein zufälliges Ereignis würden astronomisch sein. Oder es wird für ein „Wunder Gottes“ oder einen Beweis für psychische Kommunikation gehalten. Warum weigern wir uns, als Tatsache anzunehmen: *„... der Geist erleuchtet die Menschen, und der Hauch des Allmächtigen macht sie verständig“* (Hiob 32:8)?

Ein gebräuchlicher Begriff der Religion ist *Gebet um Führung*. Aber es ist selten, daß das Gebet eine Erfahrung Gottes aus erster Hand sucht, ein Ausströmen des Lichts. Normalerweise versucht es, einem widerstrebenden Gott ein Wunder zu entlocken. Häufiger ist es ein Bemühen, göttliche Zustimmung für etwas zu suchen, was man dessenungeachtet bereits zu tun beschlossen hat. Wie leicht ist es, ‘um Führung zu beten’ und dann ‘Anleitung zu bekommen’, gestützt von einer ganzen Sammlung von rationellen Begründungen dafür, warum wir das, was wir tun *möchten*, auch tun *sollten*. Es ist ein kleines Spiel, das wir spielen.

Führung ist kein spezieller Akt Gottes oder ein Phänomen, das mit irgendeiner äußeren Kraft zu tun hat, die auf den Menschen einwirkt. Natürliche Führung ist göttlich, und göttliche Führung ist natürlich. Der Mensch ist ein Geschöpf des Lichts, daher sind wir immer im Strom der Führung, selbst wenn wir ihn durch Furcht vereiteln. Wenn wir um Licht und Führung zu Gott „da draußen“ beten, dann kann unser Gebet sogar den Strom des Lichts und der Führung von innen blockieren. Was nötig ist, ist, „demütig zuzuhören“, in das Bewußtsein des Stroms hineinzugelangen. Licht ist eine allgegenwärtige Realität. Wir müssen es nicht erreichen oder auch nur danach greifen, sondern selbst den Wunsch, es zu erreichen, aufgeben. *Sei stille und wisse... ich bin im Strom.*

Licht oder Führung kann, aber muß nicht in Gestalt einer Stimme kommen, die das Ohr vernimmt, oder als ein für die Augen sichtbares Phänomen. Wir mögen z.B. beeindruckt sein von der Geschichte von Paulus und seiner dramatischen Erfahrung auf der Straße nach Damaskus und annehmen, daß unsere Führung auf irgendeine vergleichbar spektakuläre Weise kommen sollte. Sie könnte zu einigen Menschen auf diese Weise kommen. Es gibt jedoch kein Anzeichen dafür, daß sie je auf diese Weise zu Jesus gelangte.

In seinem Buch *Gespräche mit großen Komponisten* zitiert Arthur Abell Brahms mit dem Ausspruch:

> Ich sinne immer erst über mein Einssein mit dem Schöpfer nach, bevor ich anfange zu komponieren. Ich verspüre sofort Schwingungen, die mein ganzes Sein erregen. ... Ich sehe klar, was in meiner gewöhnlichen Stimmung dunkel ist. ... Geradewegs strömt die Idee in mich ein. ... Maß für Maß wird das vollendete Produkt offenbart. 11)

„Ach", sagen wir, „aber Brahms war ein Genie!" Wie wir allen nur möglichen Hinweisen auf eine göttliche Dimension im Menschen ausweichen! Das Genie unterscheidet sich in seinem Zugang zum Licht nicht von anderen Menschen – nur in seiner zuversichtlichen Annahme seines Ausströmens. Wenn wir die Errungenschaften des „Genies" in Musik, Kunst, Wissenschaft oder Geschäftswelt beobachten, sollten wir uns Jesu Vorstellung in Erinnerung rufen: *„All diese Dinge, die ich tue, könnt auch ihr tun... und größere Dinge als diese werdet ihr tun."* Das kann uns geschehen – wenn wir in den Strom hineinkommen.

Walter Russell, Künstler, Wissenschaftler, Philosoph, besteht darauf, daß das Universum diejenigen nicht begünstige, die es als Interpreten aussucht. Er sagt, es sei genau umgekehrt – das Universum gebe denen, die sich 'einschalten'; Mittelmäßigkeit sei selbst zugefügt und Genie durch sich selbst begabt. Wir sollten die Stille kultivieren, und wenn wir allein seien, werde das Universum in Blitzen der Inspiration zu uns sprechen. Das Wissen gehört uns um den bloßen Preis des Darum-Fragens. Wir müssen nichts lernen. Tatsächlich ist alles, was wir tun müssen, uns das Wissen wieder bewußt zu machen, denn es ist bereits in uns als die Wirklichkeit des Lichts.

Bei der schulischen Bildung wird der Schwerpunkt gewöhnlich auf das Erlangen von Wissen gelegt. Auf diese Weise ist der erreichte Abschluß umso höher, je besser das Gedächtnis und je erschöpfender die Mitschriften und die Akten sind. Fortschrittliche Erzieher beginnen jedoch zu erkennen, wie es bereits die alten Griechen taten, daß wahre Bildung der Prozeß des Erwachens zum Leben und der Freisetzung des Ausströmens von Licht ist. Wenn wir aus unserem menschlichen Potential das Meiste herausholen wollen, dann müssen wir erkennen, daß es vollkommen vernünftig, wissenschaftlich und logisch ist, das wache Bewußtsein durch das Ausströmen des universellen Lichts leiten zu lassen. Der Forschungsleiter einer großen Firma fordert studierende Ingenieure auf, auf Ahnungen zu achten, den Geist offen zu halten. Er rät davon ab, sich zu sehr auf Logik zu verlassen, und drängt Studenten dazu, mit vereinten Kräften zu versuchen, die Schatztruhe von Ideen ausfindig zu machen, die im Individuum verborgen liege.

Wenn ein Mensch seine Ausbildung abschließt, ist er als Werkzeug fertig; aber bevor er nicht lernt, die vertikale Dimension des Bewußtseins zu öffnen, ist er nur eine halbe Persönlichkeit und nur die Hälfte der Person, die er sein kann. Der Harvard-Dichterphilosoph George Santayana behauptet, daß es keine Weisheit sei, nur weise zu sein und dabei die Augen vor dem inwendigen Strom zu verschließen. Er sagt, es sei Weisheit, dem Herzen zu glauben und „der unüberwindlichen Ahnung der Seele“ zu vertrauen.

Was man „göttliche Führung“ nennt, ist ein Strom des Unendlichen Geistes. Er ist universell in dem Sinne, daß er ein Prozeß der Gegenwart dieses Geistes ist, der *„weiß, was ihr bedürft, ehe ihr ihn bittet“* (Matt. 6:8). Er trifft keine Wahl für Sie, aber er ist der Drang und die Energie, durch die Sie die Wahl treffen können, die im Sinne Ihres eigenen Bewußtseins die beste ist. Er ist kein spezieller Akt Gottes, sondern eine spezielle Ausformung des Allwissens und des All-Handelns der Gegenwart Gottes.

Göttliche Führung ist nicht voreingenommen. Sie kommt nicht mit einem einzigen festgelegten und unveränderlichen Schritt, der getan werden muß. Sie ist vielmehr eine Weisheit, ein Licht, ein unterstützender Strom, der Sie befähigt, die vor Ihnen liegende Straße mit erstaunlicher Klarheit zu sehen und Ihre eigene Weisheit auf dem höchsten Grad ihrer Entwicklung zu gebrauchen. Göttliche Führung kann Sie nie dazu bewegen, einen Schritt zu tun, der über Ihre Fähigkeit, etwas zu begreifen oder richtig anzuwenden, hinausgeht.

Einige Leute zerbrechen sich den Kopf über die Frage: „Wie kann man zwischen göttlicher Führung und menschlichem Willen unterscheiden?“ Die Frage an sich impliziert schon einen Dualismus – ein Gefühl von einem Gott „da draußen“, der für Sie etwas Ihren persönlichen Wünschen Entgegengesetztes wünschen würde oder könnte. Göttliche

Führung ist keine äußere Kraft, die auf Sie einwirkt. Sie ist das Samenkorn Ihrer Göttlichkeit (der 'Christus in dir'), das versucht, seinen Bauplan im Ausgestaltungsprozeß Ihres Lebens zu erfüllen. Gott könnte nie das für Sie wollen, was Sie sich nicht innerlich selbst wünschen.

Natürlich kann Eigensinnigkeit ein Problem sein. Aber dann ist es der erste Schritt im Gebet, das Ego loszulassen, dem Strom der „unbezweifelbaren Vollkommenheit des Universums" seine Zustimmung zu geben. Sie mögen nicht in jedem Einzelfall Erfolg dabei haben, dem Strom Ihres eigenen Bauplans seinen Lauf zu lassen. Das ist der Grund, aus dem der Begriff des „Praktizierens der Gegenwart" so bedeutungsvoll ist. Paulus weist uns an: *„Sei eifrig, dich Gott als bewährt zu erweisen"* (II. Tim. 2:15). Das bedeutet nicht, zu versuchen, göttliche Zustimmung zu gewinnen. Sie sind von Gott stets so akzeptiert wie vom Sonnenlicht. Ihre Aufgabe ist es, aufzudecken, auf welche Weise Sie den Strom blockieren. Dann öffnen Sie die Fenster, treten Sie aus den Schatten ins Licht. Und das kann Bemühung und Ausdauer erfordern.

„Wie kommt man zum Olymp?", wollte ein Mann einmal von Sokrates wissen. Er antwortete: „Laß einfach jeden Schritt, den du tust, in diese Richtung gehen." Vor noch nicht so langer Zeit hielt ein Mann Heifetz auf den Straßen von New York an und fragte: „Wie kommt man zur Carnegie Hall?" Das Musikgenie antwortete: „Üben, üben, üben." Das Schlüsselwort könnte gut lauten: Bleib dabei..., bis du den Anschluß findest! Lerne, arbeite und bete..., bis das Licht kommt. Nur dann kannst du wirklich erkennen, was Jesus im Sinn hatte, als Er sagte: *„[Ihr] werdet die Wahrheit erkennen, und die Wahrheit wird euch frei machen"* (Joh. 8:32).

Das Licht war für Jesus eine wichtige Realität. Vielleicht wissen wir Seine Lehren oder die großen Erfahrungen Seines Lebens nicht richtig zu würdigen, ehe wir nicht das Licht sehen. Wir werden belehrt, „... *daß Gott Licht ist und keine Finsternis in ihm ist*“ (I. Joh. 1:5). Aber was ist Licht?

Es ist möglich, daß wir Licht nie wirklich sehen. Wir sehen nur, was es mit uns tut, oder richtiger, was es uns tun läßt. Ist Licht das weiße Strahlen der Glühbirne? Ist es die ungreifbare Essenz, die uns von elektrischer Energie durch den Draht übermittelt wird? Oder könnte Licht eine stets gegenwärtige immaterielle Wirklichkeit sein, die einfach durch diese Kräfte erweckt oder freigesetzt wird?

Füllt Licht den Raum aus wie Luft? Wenn ich bei Tageslicht in einen Raum gehe und dunkle Jalousien über die Fenster herunterlasse, entkommt das Licht durch kein Loch, aber es ist nicht länger gegenwärtig, wie es die Luft ist. Woher kommt das Licht? Und wohin geht es? Uns wird gesagt, daß uns das Licht von der Sonne her erreicht, nachdem es die dazwischenliegenden dreiundneunzig Millionen Meilen in acht Minuten zurückgelegt hat. Aber halt. Reist ein Schmerz, den ein Junge verursacht, der mir einen Stein ins Gesicht wirft, durch den Raum zu mir? Der Schmerz ist das, was mir zugestoßen ist. Wenn der Stein nicht mich getroffen, sondern ein Fenster zerbrochen hätte, dann wäre das Resultat ein ganz anderes gewesen. Alles, was ich weiß, ist, daß mich eine Kraft getroffen hat und dies einen bestimmten Effekt auf mich gehabt hat. Die Sonne sendet Kraft aus, nicht Licht oder Hitze.

Was also ist das Licht? Offensichtlich, so, wie die Bibel darüber spricht, und vielleicht, wie die Wissenschaft darüber spricht, ist Licht etwas Transzendentes. Vielleicht ist Licht eine überall gegenwärtige Realität, die manchmal, als

Ergebnis bestimmter Bedingungen, für die Augen sichtbar wird. Zellen scheinen ein angestammtes Glühen von Licht zu besitzen. Der ganze Körper gibt eine Art von Licht oder „Aura" ab, die einige Menschen und bestimmte Instrumentierungen wahrnehmen können. Licht ist also vielleicht die eine große Wirklichkeit der Dinge, über die Erscheinungen hinaus.

Cartoonisten haben lange Zeit eine blitzartige Einsicht als Glühbirne über dem Kopf abgebildet. Wenn Sie bewußt im Strom des Lebens sind, gibt es ein Ausströmen von Licht, das sich als Verständnis manifestiert, als Führung, als Kreativität. Aber es ist nichts, was Gott „da draußen" Ihnen schickt. Es ist vielmehr ein erweitertes Bewußtsein für das „wahre Licht" in der Gegenwart Gottes, das in Ihnen und als Sie gegenwärtig ist. Es ist ein Augenblick des Einsseins, ein Gefühl dafür, seinen Mittelpunkt in Gott zu haben und der Mittelpunkt Gottes zu sein. Plötzlich gibt es einen kreativen Strom – „Es werde Licht."

Als daher Jesus sagte: *„Lasse dein Licht leuchten"*, meinte er: Laß dich selbst *sein*, was du wirklich bist, oder, wie Eckhart es ausdrückt, *laß Gott in dir Gott sein.* Wenn Sie im Strom des Lebens sind, werden Sie transparent in dem Sinne, daß das Menschliche an Ihnen, das Ego, die Persönlichkeit, und der Körper aus Fleisch und Blut zu einem offenen Kanal werden, um das Licht als Ihre Realität hervorströmen zu lassen.

Ein Ehepaar nahm seinen kleinen Jungen mit nach Europa, wo sie auf ihrer touristischen Rundreise viele Kathedralen besuchten. Als sie nach Hause zurückkehrten, ging der Junge in die Sonntagsschule. Der Lehrer fragte: „Was ist ein Heiliger?" Sich an die vielen farbigen Glasfenster in den Kathedralen erinnernd, die die christlichen Heiligen darstellten, sagte der Junge: „Ein Heiliger ist ein Mann, durch den das Licht hindurchscheint."

Vielleicht hatte Emerson dies im Sinn, als er sagte: „Ein Mensch ist die Fassade eines Tempels, in dem alle Weisheit und alles Gute wohnen. Was wir gewöhnlich Mensch nennen, stellt ihn, wie wir ihn kennen, nicht selbst dar, sondern stellt ihn falsch dar." 12) Sie sind mehr, als Sie zu sein glauben, mehr, als Sie zu sein scheinen. Sie sind ein Fenster Gottes, durch welches das Licht leuchten kann. Wenn Sie sich selbst aus dem Weg räumen, dann erfahren Sie vielleicht das Ausströmen des Lichts, das als Weisheit und Führung und Kreativität hervorfließt.

„Die Erde ist randvoll mit Himmel, und jeder gewöhnliche Busch ist entflammt von Gott", singt Elizabeth Barrett Browning 13). Sie spielt an auf die Erfahrung von Moses, der auf einen Busch stieß, der zu brennen schien, ohne von der Flamme verzehrt zu werden. Als er sich ihm näherte, um einen besseren Blick darauf werfen zu können, hatte er eine blitzartige Erleuchtung. Eine Stimme aus dem Innern sagte: „Zieh deine Schuhe aus, denn der Ort, darauf du stehst, ist heiliger Boden." Dies ist eine der ganz großen Offenbarungen aller Zeiten. Der Mensch hat eine Tendenz dazu, überall nach Licht, nach Inspiration, nach Führung umherzusuchen. Moses erkannte plötzlich: „Ich bin der brennende Busch; ich bin das flammende Licht Gottes."

Das Licht ist da, wo Sie sind, und es ist die vollständige Antwort auf das, was Sie brauchen, jetzt und immer. „Die Schuhe auszuziehen" bedeutet, die falschen Überzeugungen des Bewußtseins loszulassen und „demütig zuzuhören". Das Licht, das Sie suchen, ist nicht irgendwo anders, sondern da, wo Sie sind. Bitten Sie Gott nicht, Sie zu führen, oder flehen Sie Ihn nicht an, die Entscheidung für Sie zu treffen. Bejahen Sie statt dessen, daß Sie im Strom des Lichts sind und daß Gott das Licht ist. Sie sind in ihm. Es ist in Ihnen. Es ist Ihre Realität. Es ist nichts, worum man sich groß bemühen muß, sondern eine Wahrheit, die akzeptiert werden muß. Erkennen Sie, daß in Ihnen dasjenige ist, das die richtige und vollkommene Richtung für Ihr Leben kennt, und bejahen Sie, daß Sie jetzt unter dem Einfluß dieses führenden Lichtes handeln.

Sie sind ewig im Strom der Führung. Warten Sie nicht darauf, geführt zu werden. Uns wird gesagt, wir sollten „auf den Herrn harren", aber das Wort *harren* kommt von der Wortwurzel, die „zusammenbinden" bedeutet. Diese Art von „Warten" impliziert ein Sich-Einschalten in den göttlichen Kreislauf. Es ist keine Frage der Zeit, sondern eine Tiefe des Bewußtseins. Erwarten Sie, geführt zu werden, und dann setzen Sie sich in Bewegung. Tun Sie einen Schritt, entscheiden Sie sich für eine Vorgehensweise. Tun Sie, was Sie tun können, und gehen Sie so weit, wie Sie gehen können. Führung ist ein Vorgang, der am wirksamsten funktioniert, wenn Sie in Bewegung sind.

Eine der Hauptursachen von Streß im Leben – der alle Arten von emotionellen und körperlichen Krankheiten entstehen läßt – ist der Druck, Entscheidungen treffen zu müssen. Schon der Begriff 'eine Entscheidung treffen' verweist auf etwas, was man persönlich in der Werkstatt des Geistes zusammensetzen muß. In Wirklichkeit besteht nie jemals eine Notwendigkeit, eine Entscheidung zu „treffen". Die Anstrengung an sich, die Entscheidung zu „treffen", ist dazu angetan, den spontanen Strom der Führung zu vereiteln.

Die einzige Entscheidung, die Sie treffen müssen, ist die Entscheidung, anzufangen. Die Entscheidungen, „was zu tun ist" und „welcher Weg einzuschlagen ist", sollten nicht getroffen werden; sie sollten *entdeckt* werden. Das Leben ist in sich ganz und vollkommen, und selbst wenn Sie es vielleicht nur zu einem Teil sehen, gibt es immer eine richtige Antwort „in jenem Strom der Macht und Weisheit“ im Innern. Was antwortet, ist dasjenige in Ihnen, das über Ihr bewußtes Wissen hinaus weiß. Wenn Sie bescheiden zuhören, werden Sie das richtige Wort hören, und die Anleitungen werden sich mühelos entfalten. Das bedeutet nicht, nichts zu tun und im Polyanna-Stil[7] zu sagen: „Oh, es wird sich schon von selbst erledigen – ich werde einfach auf eine Anleitung warten.“ Denken Sie daran, wenn Sie eine Kraftquelle anzapfen oder den Lichtschalter anknipsen, gibt es im Strom keine Verzögerung. Seien Sie still und erkennen Sie, daß Sie im Strom sind, und dann gehen Sie mit ihm.

Der Begriff des ‘Entdeckens’ einer Entscheidung impliziert keine Prädestination. Die einzige Prädestination im Leben ist die letztendliche Entfaltung des göttlichen Geschöpfs, das Sie sind. Aber die Richtung, die Sie bci der Erkenntnis dieser Ausgestaltung des innewohnenden Christus einschlagen, wird immer durch Ihr Bewußtsein bestimmt werden. Es gibt jedoch eine schöpferische Intention, die in Ihnen wirkt. Es ist eine Kraft, die Fehler und falsche Entscheidungen transzendiert und alle Dinge zum Guten wirken läßt. Sie ist wie ein Organist, der vielleicht eine falsche Note anschlägt und eine Dissonanz erzeugt und der dann diese falsche Note kunstvoll als führenden Ton einsetzt, mittels dessen er in eine neue Tonart überleitet. Er läßt es so aussehen, als sei der ganze Vorgang so beabsichtigt gewesen, als wäre dies die einzig mögliche Weise gewesen zu spielen.

Sie können nicht wirklich eine falsche Wahl, eine schlechte Entscheidung treffen. Jedweder Schritt, den Sie tun, wird zu gegebener Zeit zu Ihrem Guten führen, weil eine gemachte negative Erfahrung die Herausforderung erzeugen wird, in der man über die Art Bewußtsein, aus der heraus die Wahl getroffen wurde, hinauswachsen kann, und die zu einem höheren Bewußtsein führt, aus dem heraus konstruktivere Schritte unternommen werden. Also ist eine falsche Entscheidung zu jener bestimmten Zeit eine richtige Entscheidung. Mit diesem Wissen sind Sie frei von der Furcht vor schlechten Entscheidungen. Sie können still stehenbleiben und glauben, daß keine Entscheidung getroffen werden muß, daß es nur eine Richtung zu entdecken gibt.

Wenn Sie das nächste Mal eine wichtige Entscheidung zu treffen haben, dann geben Sie sich eine Chance. Lassen Sie Ihren Geist zu einem Werkzeug werden, statt ihn sich als die Quelle vorzustellen. Klinken Sie sich ein und lassen Sie diesen phantastischen Prozeß für sich arbeiten. Am Ende werden nicht Sie die Entscheidung 'machen'; die Entscheidung wird Sie machen.

Ihr Geist ist Ihr Reich. Dieses Reich hat keine Grenzen. Der freie Strom von Ideen und Kreativität ist Ihr Erbteil. Es ist wichtig, daß Sie beginnen, nach der Überzeugung zu handeln, daß Sie jederzeit in diesen Prozeß eintauchen können und dabei auf schöpferische Art und Weise, auf Wegen, die über menschliches Wissen hinausgehen, Führung und Licht manifestieren. Denn er ist eine sprudelnde Quelle, die unerschöpflich ist.

Es wird uns gesagt, Er werde „in einem Augenblick, in einem Augenzwinkern" kommen. Traditionalisten haben darauf bestanden, daß dies das Versprechen einer Rückkehr von Jesus in Fleisch und Blut sei. Jesus sah sich jedoch nicht als die große Ausnahme, sondern als das große Beispiel für den Strom des universellen Wirkens im Menschen. Und wenn Er das große Beispiel war, muß Er es als das Beispiel dessen gewesen sein, was zu werden wir in uns haben. Und Seine Aussagen betrafen dieses *Werden* in uns und nicht Seine körperliche Wiederkehr. Dies ist das „zweite Kommen". Und es wird blitzartig geschehen. Und nicht nur ein für allemal, sondern jederzeit und immer dann, wenn wir das Ausströmen des Lichts brauchen. Die Schlußfolgerung daraus ist, daß wir nicht versuchen sollten, Entscheidungen zu treffen oder Ideen zu erzeugen, denn das führt nur zu Angespanntheit und Streß. Es führt auch zum Ansammeln von Informationen. Das Denken hat die Probleme des Menschen noch nie gelöst und wird es auch nie tun. Vielleicht ist das der Grund, warum Jesus sagt, dieses Erwachen (zum Licht) werde *„zu einer Stunde, wo ihr es nicht meint"*, kommen (Matt. 24:44). Je mehr Sie über ein Problem nachdenken, desto komplexer und undurchschaubarer wird es, wenn nicht und bevor nicht das Licht kommt. Und was ist jenes Licht? Es ist der Strom der transzendenten Führung.

Licht, Führung, Inspiration und Kreativität sind stets mit Ihnen, stets in Ihnen, als Kraftquellen des Überbewußtseins. Wann immer Sie mit einer Krise konfrontiert sind – in dem Augenblick, in dem Sie nicht denken, gibt es eine Antwort. Denken Sie nicht über das Problem nach, lassen Sie vielmehr das Ausströmen des göttlichen Lichts Ihr Bewußtsein von innen her umformen. Plötzlich weicht das „Problem" der Projektion des Lichts, die zur Ausgestaltung Ihres Guten führt. „In einem Augenblick", „in einem Augenzwinkern" können Sie sich einklinken und den Schwall des Lichts verspüren. Zeit ist kein Faktor, denn im Geist gibt es keine Zeit. So schnell, wie Sie mit den Fingern schnippen können, kann sich die Antwort in Gestalt des fertigen Plans und aller Mittel zu seiner Ausführung einstellen.

Schöpferische Menschen – Schriftsteller, Lyriker, Künstler und Komponisten – haben häufig in angestrengter Arbeit zu kämpfen und sich abzumühen, um einige ihrer Werke zu gestalten. Aber es gibt auch Zeiten, wo sie sich im Strom des schöpferischen Prozesses befinden und die Inspiration blitzartig kommt. Beethoven, hören wir, saß einmal in seinem Stuhl, und wie in einem Blitz hörte er eine ganze Symphonie. Heute erfordert die Aufführung dieses Werkes eine Stunde, und er selbst brauchte Wochen, um es zu Papier zu bringen. Aber er erfaßte die gesamte Symphonie „in einem Augenzwinkern".

Lassen Sie diese Vorstellung in Ihr Bewußtsein eindringen. Wenn Sie in Zeitdruck sind beim Abschließen einer Sache, die vielleicht einen Strom der Inspiration erfordert, schnippen Sie einfach unbekümmert mit den Fingern, als eine symbolische Erinnerung daran, daß sich in einem Augenblick das Licht mit einer kompletten Antwort auf Ihr Bedürfnis einstellen kann. Nicht, daß Sie erwarten sollten, daß alles für Sie erledigt wird. Denn in Wirklichkeit wird nichts *für* Sie erledigt – nur durch Sie. Der erste Schritt ist Ihre eigene Vorbereitung durch das Sammeln von Information. Aber es kommt eine Zeit, in der Sie loslassen und den Weg für die Ausgestaltung des schöpferischen Stromes frei machen müssen.

Es gibt im Leben nicht tausenderlei Dinge zu lernen. Es gibt nur eines zu lernen: den Kenner im Innern zu erkennen und Ihn aufrichtig und regelmäßig „auf allen unseren Wegen anzuerkennen". Das heißt, die überbewußte Ebene des Geistes zu begreifen, zu lernen, vertikal zu denken und nicht bloß horizontal, sich mit tranzendentaler und nicht nur mit menschlicher Logik zu befassen. Wie locker können Sie sein, wenn Sie sehen, daß der Strom des Lebens in Ihnen genausso natürlich ist wie der unvermeidliche Zug der Schwerkraft! Wo Sie auch sind und worin immer die Dringlichkeit Ihres Bedürfnisses bestehen mag, Sie können still sein und wissen, daß Sie im Strom sind. Sie werden ein Ausströmen von Licht in Gestalt schöpferischer Ideen, unbeirrbarer Führung und unaufhörlicher Antworten erfahren.

5. Kapitel

Die Kunst, miteinander auszukommen

Das Leben spielt sich im Rahmen menschlicher Beziehungen ab. Obwohl Konflikte zwischen Leuten vorkommen, ist der Mensch im Grunde ein geselliges Geschöpf. Das Auskommen mit anderen Menschen ist sicherlich eine Vorbedingung für Glück und Sicherheit, weil die ganze Menschheit voneinander abhängig ist. Aber in noch größerem Maße ist es ein Verlangen des Herzens, das aus dem transzendenten Wissen um Einheit entsteht. Der Mensch sehnt sich nach „Ruhe in Gott", weil er angeborenermaßen weiß, daß er eins im Geist ist. Und er ist angesichts aller menschlichen Konflikte ruhelos und unruhig, weil er spürt, daß es hinter dem Anschein der Trennung ein zugrundeliegendes Band göttlicher Liebe gibt.

Laotse sagte, daß sich die eigene Lebensqualität nach der Zahl von Kontaktpunkten bestimme, mit denen man das Leben und die Welt berühre, und folgerte daraus, daß der Strom des Lebens nach außen fließen müsse, um eine harmonische Wechselwirkung zwischen den Menschen herzustellen. Einer, der diesen Strom dadurch vereitelt, daß er Gedanken des Widerstands, des Vorurteils oder der Feindseligkeit hegt, lebt nur halb. Das ist der Grund, warum Jesus als das große Gesetz betonte: *„Du sollst den Herrn, deinen Gott, lieben aus deinem ganzen Herzen und aus deiner ganzen Seele und aus deinem ganzen Denken und aus deiner ganzen Kraft. ... Du sollst deinen Nächsten lieben wie* *dich selbst"* (Mark. 12:30,31). Nicht, daß Gott beleidigt sein wird, wenn Sie Ihn nicht lieben, oder daß Ihr Nachbar, aufgrund seiner Handlungen, immer Ihre Liebe verdiente. Gott und Ihren Nächsten zu lieben, bedeutet, „die Kontaktpunkte herzustellen", mit denen Sie das Leben und die Welt berühren. Es bedeutet, in den Strom der Liebe einzutreten. Sie werden es ausnahmslos leichter finden, mit Menschen auszukommen, wenn Sie mit der Bewegung des Stroms gehen.

Göttliche Ordnung ist nicht einfach ein Endziel, auf das man durch irgendeine Gebetstechnik hinarbeiten muß, die diese Ordnung für real erklärt. Sie ist eine fundamentale Wahrheit des Universums. In jedem Chaos ist immer ein Kosmos. Es kann immer genug Liebe zirkulieren, selbst in den Menschen, die in bittere Streitigkeiten verwickelt sind. Im Strom des Lebens gibt es ein Potential für Frieden und Verständnis und Zusammenarbeit in jeder Beziehung. Und wie Laotse sagt: Wer immer so fließt, wie das Leben fließt, hat das Rätsel der menschlichen Existenz gelöst.

Die Kunst, miteinander auszukommen, ist kein psychologischer Trick, durch den man den Unliebenswürdigen lieben und mit dem Verschlossenen kommunizieren kann. Es bedeutet nicht bloß, sich an menschliche Perversität anzupassen oder das Beste daraus zu machen. Das „Auskommen" hat nur zweitrangig mit dem anderen Menschen zu tun. In erster Linie bezieht es sich darauf, mit der Realität des eigenen Selbst auszukommen, und auf die Entschlossenheit, die Kanäle des Bewußtseins frei von allen und jeglichen Hindernissen zu halten.

Eine Frau beschrieb ein Erlebnis in der U-Bahn, das sie eines Morgens auf dem Weg zur Arbeit hatte. Sie bestieg das Abteil an ihrer Station und ging, da sie einen leeren Platz sah, zielstrebig darauf zu. Gerade, als sie sich hinsetzen wollte, stieß sie eine andere Frau, die von einer anderen Tür kam, im Kampf um den Sitzplatz weg. Das „Opfer" fiel voller Wut über die jetzt sitzende Frau her. Sie nannte sie ein „Tier" und anderes, was sie später bedauerte. Die ganze Episode hinterließ bei ihr einen Aufruhr an Zorn über die Frau und Schuldgefühl über ihren eigenen Verlust an Fassung. Sie sagte: „Aber was kann ich tun, wenn sich jemand so verhält? Wie kann ich mich im Geist der Liebe und Harmonie halten, wenn ich überall, wo ich hingehe, auf diese Art von Verhalten stoße? Was stimmt nicht mit der Welt?"

Können Sie sich mit dieser Erfahrung identifizieren? Statt einer U-Bahn könnte es ein Bus oder ein Konflikt mit einem anderen Wagen während der Fahrt sein. Es könnte eine Auseinandersetzung mit jemandem in Ihrer Familie oder Nachbarschaft sein oder ein Mitarbeiter in Ihrem Büro. Statt eines Sitzplatzes könnte es eine Beförderung oder eine Prämie oder ein begehrter Preis sein. Denken wir also darüber nach, als ob es Ihre Erfahrung wäre. *„Was geht es dich an?"*, sagte Jesus. *„Folge du mir nach!"* (Joh. 21:22). Das bedeutet nicht, daß man gegenüber dem, was in der Welt um einen herum vorgeht, blindlings gleichgültig sein soll. Aber es bedeutet, daß Sie, ehe Sie versuchen, Zustände „da draußen" zu verstehen oder sogar zu korrigieren, sich erst bewußt im Strom des Lebens gründen müssen. Es möchte so scheinen, als sei der andere aus dem Strom der Liebe und Harmonie heraus. Aber dann ist das seine Verantwortung, mit der er leben muß. Der Zwischenfall ist ganz sicher äußerlich, aber die Reaktion ist gänzlich Ihre eigene.

Überall ist ein Strom der Harmonie und Liebe, ob Sie sich dessen bewußt sind oder nicht und ob Sie sich bewußt in ihm bewegen oder nicht. Das ist es, was die „Allgegenwart Gottes“ bedeutet. Sie verlassen die Gegenwart Gottes oder den Strom des Lebens und der Liebe nicht, wenn Sie negativ eingestellt oder voller Widerstand sind. Sie verlassen das *Bewußtsein* der Gegenwart. Aber in jedem Augenblick und in jeder Erfahrung sind Sie im Strom, und der Strom ist in Ihnen.

Sie wissen vielleicht nicht genau, wie oder warum Sie das Bewußtsein und die es einschließende Erfahrung des Stromes verlieren; aber einer Sache können Sie sicher sein: Wenn Sie herumgeschubst werden, sind Sie herausgeraten. Sie mögen den Wunsch haben, zurückzuschlagen oder sich lauthals über die Ungerechtigkeit zu beschweren. Sie mögen ganz sicher sein, daß das Problem „da draußen“ ist, aber der Wunsch nach Vergeltung oder Verurteilung ist ein Zustand *Ihres* Bewußtseins. Wenn der andere, wie Sie behaupten, ein Tier ist, was wird dadurch gewonnen, wenn Sie auch zu einem Tier werden? Zwei Tiere schaffen keine Harmonie, und zweifaches Unrecht schafft kein Recht. Jesus sagte: *„Liebet eure Feinde..., auf daß ihr Kinder seid eures Vaters im Himmel“* (Matt. 5:44,45). Was besagt: Hören Sie auf, Widerstand zu leisten, und fangen Sie an zu lieben. Bringen Sie sich in den Strom zurück.

Es ist eine schwierige Lektion, aber eine wichtige, zuzugeben, daß Ihr plötzliches Aufflammen von Ärger ein Anzeichen dafür war, daß unter der Fassade der Gelassenheit an jenem Morgen Chaos in Ihnen herrschte. So wurden Sie durch das, was passierte, verstört, weil Sie *verstörbar* waren. Wenn Sie sich in einem liebevolleren Bewußtseinszustand befunden hätten, wären Sie wahrscheinlich mit der ganzen Angelegenheit auf eine völlig andere Weise umgegangen. Sie hätten sich sagen können: „Ich nehme an, sie wollte diesen Sitzplatz genauso gern bekommen wie ich, und es könnte sein, daß sie mich nicht einmal gesehen hat. Vielleicht hat sie wegen dem, was geschehen ist, jetzt ein genauso schlechtes Gefühl wie ich."

Ein noch schwierigeres Eingeständnis sich selbst gegenüber ist es, daß Sie die Erfahrung, weil Sie außerhalb des Bewußtseins des Stromes waren, womöglich erst angezogen haben mögen. Das mag der Grund dafür sein, warum ich „überall, wo ich hingehe, auf diese Art von Verhalten stoße". Es ist Bewußtsein, das sich selbst ausgestaltet. Wie Shakespeare sagt: „Die Welt ist voller Kümmernisse und Beschwerden, wer weiß es anders, als daß die Dunkelheit im Menschen liegt?" *(„The world is full of griefs and graves, who knows but that the darkness is in man?")*

Es mag naiv und unpraktisch erscheinen, aber tatsächlich könnte es sein, daß Sie die ganze Episode in der U-Bahn im Lichte dessen sehen würden, was über Sie offenbart ist, wenn Sie nur erkennen könnten, wie wichtig es ist, sich ständig im Strom des Lebens zu halten, und wie gefährlich es ist, auch nur für einen Augenblick aus diesem Strom herauszugeraten. Wenn Sie wirklich erkannt hätten, daß Ihr Verhalten angesichts Ihres Kampfes um den Platz ein rotes Warnlicht war, das eine Bewußtseinskrise anzeigte, dann hätten Sie sich vielleicht vor der Frau verbeugt und gesagt: „Danke, denn Sie haben dazu beigetragen, mir zu zeigen, daß ich aus dem Strom herausgeraten bin"; vielleicht nicht buchstäblich, aber zumindest im übertragenen Sinne innerlich für sich selbst. Und dann, dankbar für die Erinnerung, hätten Sie sich einen ruhigen Augenblick nehmen sollen, um „stille zu sein und zu wissen... ich bin im Strom."

Wer außer einem Heiligen Franziskus oder einem Gautama oder einem Jesus könnte so handeln? Gewiß wäre es nicht leicht. Aber welcher Akt des Überwindens ist im

Leben schon leicht? Diese Art von schöpferischer Widerstandslosigkeit kann gut der einzige praktische Weg sein, mit solchen Dingen umzugehen. Jede andere Reaktion wird einfach die Art von Bewußtsein fortsetzen, die es erst ermöglichte, daß all dieses geschah, und das wird mit Sicherheit zu anderen derartigen Geschehnissen mit möglicherweise ernsthafteren Konsequenzen führen.

Als Jesus – sinngemäß – sagte: „Betet für die, die boshaft zu euch sind", wies Er auf die Notwendigkeit hin, Ihr Denken über sie auf eine höhere Ebene zu bringen, denn es sind *Ihre* Gedanken, die den Strom in *Ihrem* Bewußtsein behindern. Sie mögen das Gefühl haben, bereits genug über die andere nachgedacht zu haben. In Wirklichkeit haben Sie über *sie* überhaupt nicht nachgedacht. Sie haben in Gedanken nur immer wieder Ihre eigene irrige Vorstellung von ihr hin- und hergewälzt.

Sie mögen sagen: „Ach, die Menschen sind alle gleich." Aber *Personen* sind nicht alle gleich. Sie sind einzigartig und individuell und haben persönliche Probleme und Konflikte, die auftreten, wenn sie aus dem Strom herausgeraten. Die Wahrheit ist, wenn Sie diese Person wirklich kennenlernen könnten und sie Sie wirklich kennenlernen könnte, würde es nur Liebe zwischen Ihnen geben. Denn das ist die Wirklichkeit des Lebens, die von menschlichen Erfahrungen und von den eigenen Reaktionen auf sie gerne verdunkelt wird.

Ein Mann war außer sich über einen Mitarbeiter. Seit Jahren hatte er die Einstellung und das Verhalten dieses Menschen abgelehnt, seine Reizbarkeit, seine kurz angebundene Art und seine kalte Zurückhaltung. Dann eines Tages wurde die Geschichte aufgedeckt. Der Reizbare war ein Witwer, der die volle Sorge für vier kleine Kinder hatte. Er spielte für sie sowohl Mutter als auch Vater und war auf diese Weise die ganze Zeit mit den Problemen seines in Unordnung geratenen häuslichen Lebens beschäftigt. Zur Arbeit kam er müde und reizbar und persönlich beschämt darüber, daß er zu Hause die Arbeit einer Frau machte. Er hatte das Gefühl, nicht männlich zu sein, und daß seine Mitarbeiter ihn ablehnten. In der Erkenntnis, wie sehr er sich geirrt hatte, schloß der Kollege Freundschaft mit dem Mann. Er und seine Frau „adoptierten" diese Familie und taten viele kleine Dinge, um ihnen zu helfen, mit ihrer Krise fertig zu werden. Mit der Zeit entwickelte er eine große Zuneigung zu diesem Mann, und sie wurden die besten Freunde.

Dies deckt eine sehr verbreitete menschliche Tendenz auf. Wir neigen unrealistischerweise dazu, von der Welt zu erwarten, daß sie uns mit der Art von Frieden, Sicherheit und Liebe ausstattet, die nur aus uns selbst kommen können. Wir nehmen Menschen nicht so wahr, wie sie sind, sondern vielmehr als Personen, die zu unseren Maßstäben und Erwartungen passen oder nicht passen. Dann lehnen wir sie entweder direkt ab oder wir versuchen, sie zu ändern oder sie umzuformen, damit sie unserem Konzept von dem, was sie sein sollten, entsprechen. Das läßt die irrige Vorstellung entstehen, daß man sich Freunde 'machen' könne. Normalerweise ist ein Freund jemand, der mit dir einer Meinung ist, oder jemand, den du zu deiner Art und Weise 'bekehrt' hast, und die Freundschaft dauert so lange, wie er bekehrt bleibt. In Wahrheit kannst du einen Freund nicht 'machen', du kannst einen Freund nur *akzeptieren*. Und diese Akzeptanz begreift in sich eine Form von *namaskar*, „Ich grüße die Göttlichkeit in dir."

In der griechischen Mythologie gibt es eine Gestalt mit Namen Prokrustes. Dieser war nicht gerade der vollkommene Gastgeber. Gäste, die über Nacht blieben, wurden stets eingeladen, im „Bett des Prokrustes“ zu schlafen. In einem pervertierten Sinne von Gastfreundschaft bestand er darauf, daß sie vollkommen auf das Bett paßten. Wenn sie zu kurz für das Bett waren, pflegte er sie zu strecken, damit sie hineinpaßten. Und wenn sie zu lang waren, schnitt er ihnen einfach die Beine ab. Das ist der Ursprung des Begriffs *Prokrusteanismus*. Er bezeichnet die Tendenz, darauf zu bestehen, daß jeder andere sich der eigenen Vorstellung davon, wie der Betreffende sein sollte, anzupassen habe.

Egal wer der Mensch sein mag, akzeptieren Sie ihn als eine Person. Er mag nicht so sein wie Sie, und vielleicht kann er Sie nicht leiden. Lassen Sie ihn! Sie mögen nicht einverstanden sein mit den Normen, nach denen er lebt und arbeitet. Aber sie sind nicht notwendigerweise falsch, weil sie anders sind. Seien Sie bereit, zuzugeben, daß er im Strom des schöpferischen Prozesses im Innern ist. Dadurch, daß Sie das tun, werden Sie im Bewußtsein des Stroms bleiben, der sich in Ihnen und als Sie ausdrückt.

In der urbanen Situation, in der die meisten von uns leben und arbeiten, werden wir ständig in Beziehungen mit Personen hineingeworfen, mit denen wir wenig gemeinsam haben. Wir werden von einigen Menschen angezogen, und andere werden zu uns hingezogen. Das ist der Ausgestaltungsprozeß des Bewußtseins. In unserer Welt sind jedoch nur wenige Menschen in der Lage, zu bestimmen, mit wem sie zusammenarbeiten wollen. Menschen werden eher nach Fähigkeiten und Erfahrung für eine Arbeit bestimmt als nach ihrem Temperament. Das ist vielleicht nicht die beste Art und Weise, aber es ist die Weise, wie es gemacht wird. So kann sich jemand durchaus in der Lage befinden, die Hälfte seiner wachen Stunden damit zu verbringen, eng mit jemandem zusammenzuarbeiten, den er sonst unattraktiv, uninteressant oder geradewegs schwierig finden würde. Was kann er tun?

Arbeit ist wie jeder wichtige Bereich der Lebenserfahrung eine ausgezeichnete Gelegenheit zum Wachstum. Es wird von „angenehmen Beschäftigungen“ oder „interessanter Arbeit“ gesprochen, aber das ist eine unrealistische Weise, das Leben zu betrachten. Aus demselben Bewußtsein heraus kann man fragen: „Was bringt der Job ein?“ Das spiegelt die Erwartung wider, daß das Leben und die Mittel zum Leben von außen kommen. In Wirklichkeit fließt das Leben von innen. Im weitesten Sinne macht sich ein Job nicht bezahlt. Er ist ein Beweis dafür, daß jemand ein Bedürfnis hat, für das er jemand anderen einstellt, damit er es erfüllt. Der Arbeitende tritt in den Strom der Kreativität ein, und so, wie er gibt, empfängt er auch. Der Gehaltsscheck kommt als eine Wiedererstattung, aber er ist nur ein Symbol eines ökonomischen Kreislaufs, der innerhalb des Stroms in dem Arbeitenden beginnt. Eine Widerstandshaltung vereitelt den Strom und führt zu einer Verminderung von Fleiß und Kreativität.

Es gibt keine „bequeme Arbeit“ außer dort, wo der Arbeitende derart Frieden mit seiner Arbeit schließt und derart den ungehinderten Strom der Kreativität freisetzt, daß die Arbeit sich von selbst zu erledigen scheint. Es gibt keine interessante Arbeit außer dort, wo ein Interessierter Interesse und Begeisterung in die vorliegenden Aufgaben investiert. In allen Fällen ist es nicht die Arbeit, sondern die Einstellung des Arbeitenden, die den Unterschied ausmacht.

Das Leben wird von innen nach außen gelebt. Wenn Sie außen nach Sicherheit, Harmonie oder Zusammenarbeit Ausschau halten, regen Sie sich schnell über Mitarbeiter auf, die nicht mitarbeiten, über Arbeitgeber, die zu autoritär sind, und über Angestellte, die schlampig und gleichgültig sind. Was kann man tun? Treten Sie in den Strom ein. Welches auch die Umstände sein mögen oder Kaliber oder Charakter der Menschen, mit denen Sie arbeiten müssen, das Wichtige ist, *Sie sind da.* Es ist gut, zu bejahen: *Wo immer ich bin, dort laß mich sein.* Das bedeutet: Seien Sie ein Kanal für den Strom des unendlichen schöpferischen Prozesses. Wenn Sie in den Strom eintreten und darin bleiben, werden Sie sich nicht von der Haltung und den bizarren Launen anderer in deren Form pressen lassen, sondern werden sich vom Geist im Innern mit allem versorgen lassen, was Sie an Liebe und Verständnis und an Ideen und Kreativität brauchen, um Ihre Arbeit gut zu machen und letztendlich ein größerer Mensch zu sein.

Was können Sie tun, wenn Sie von Menschen umgeben sind, mit denen Sie wenig gemeinsam haben, Menschen, die vielleicht unter Ihnen zu stehen scheinen, Menschen, die sich sogar Ihren Bemühungen, mit ihnen auszukommen, widersetzen? Sie können mehr Licht einschalten. „Es ist besser, ein Licht herbeizubringen, als auf die Dunkelheit zu fluchen." Sie mögen sich fragen, warum Sie dort sind. Das Wichtige ist, daß Sie im Moment dort *sind.* Und wo immer Sie sind, ist Gott. Wo Sie auch sind, gibt es einen Strom des Lichts und der Liebe.

Nehmen Sie sich jeden Morgen Zeit, in den Strom der Liebe hineinzukommen und dann dieses Licht und diese Liebe aktiv auf alle Ihre Mitarbeiter zu projizieren. Wenn Sie die Göttlichkeit in einem jeden grüßen und erkennen, daß er in einem Strom göttlicher Liebe verankert ist, egal wie sehr er ihn vereiteln mag, werden Sie plötzlich wissen, warum Sie dort sind. Sie sind das Licht der Welt – dieser bestimmten Ecke der Welt. Das ist Ihre Arbeit. Und wenn Sie sie gut tun, wird es auf materielle und immaterielle Weise eine reiche Belohnung geben. Weil Sie im Strom sind, werden Sie entweder einen Fortschritt in Ihrer Beschäftigung erfahren oder durch irgendeine neue Gelegenheit einen Fortschritt von der Beschäftigung weg.

Ein Mensch in einem dunklen Raum kann überall in Hindernisse hineinrennen, während er nach dem Lichtschalter umhertastet. Plötzlich berührt er den Schalter, und der Raum wird von Licht überflutet. Er verändert nichts in dem Raum. Er tut nichts, fügt nichts hinzu und nimmt nichts weg. Und doch ist blitzartig alles verändert. Während der Raum vorher voller bedrohlicher Objekte und gefährlicher Fußangeln gewesen ist, ist er jetzt zu einem Ort geworden, an dem Bequemlichkeit und Nützlichkeit herrschen. In dem gleichen Sinne mögen wir in eine entsetzliche Erfahrung mit feindseligen Leuten verwickelt sein. Wenn wir das Licht anmachen oder in den Strom transzendenter Liebe hineinkommen können, kann sich ein Wunder der Harmonie und des Verständnisses entfalten. Es heißt: „Zu einem Streit gehören zwei." Aber was häufig nicht erkannt wird, ist, daß es nur einen braucht, um den Lösungsprozeß in Gang zu setzen.

Philippe Vernier, ein religiöser Mystiker, der unter den Nazis des Zweiten Weltkrieges gefoltert wurde, ging aus unsäglicher Behandlung mit einem unerschütterlichen Glauben und einem strahlenden Bewußtsein hervor. Die Philosophie, die er entwickelte, während er in seinem „Feuerofen der Bedrängnis" war, ist zahllosen Menschen, die in der Dunkelheit wandelten, ein Licht gewesen. Er bestand darauf, daß der Mensch ein Fackelträger des Lichtes Gottes sei, daß der Mensch seine Zeit nicht damit verbringen sollte, darüber zu stöhnen, was der Welt fehlt, sondern daß er ihr bringen sollte, was sie braucht. Er rief alle Menschen dazu auf: „Flammt und leuchtet; erhebt das Feuer Gottes hoch."

Das ist es, was Jesus im Sinn hatte, als Er sinngemäß sagte: „Sei nicht die verstopfte Laterne, die das Licht erstickt und erdrückt, die Lampe, die unter einem Scheffel verborgen ist. Lasse dein Licht leuchten." Erkennen Sie, daß Sie im Strom der Liebe sind. Ihre Einstellung wird sich verändern; Menschen werden sich zu ändern scheinen. Zumindest werden sie anders mit Ihnen umgehen, weil Sie anders sind. Auf eine unglaublich schnelle Weise werden bestimmte Menschen zu Ihnen hingezogen werden, und andere werden sich von Ihnen entfernen. Wie beim Einschalten des Lichts werden aus dem Chaos Ordnung und eine Kursänderung in die richtige Richtung hervorgehen.

Sie mögen an dem Gefühl festhalten, daß bestimmte Dinge ungerecht sind, und an dem Drang, die Lasten des Lebens loszuwerden, von denen Sie überzeugt sind, daß Menschen oder Umstände „da draußen" sie Ihnen „auferlegt" haben. Sie mögen das Gefühl haben, daß Sie mühelos mit anderen Menschen auskommen könnten, wenn Sie in eine Umgebung gelangen könnten, die Freundschaft und Liebe zuträglicher wäre. Die Antwort ist jedoch nicht, den richtigen Menschen zu finden, sondern der richtige Mensch zu sein.

Wenn Sie daher entdecken, daß Sie einen Konflikt mit jemandem haben, wie etwa den Kampf um den Sitz in der U-Bahn, ist es wichtig, daß Sie sich Ihre spirituelle Objektivität bewahren. Die Erfahrung konnte sich nur einstellen, weil Sie aus dem Strom herausgeraten waren. So besteht der Weg, „miteinander auszukommen", in diesem Fall darin, mit dem ganzen Prozeß dessen, was stattfindet, „mitzugehen". Der Kampf um den U-Bahnplatz spiegelt eine Blockade im Strom der Liebe und Harmonie wider. Wenn Sie sich ihr widersetzen und Abneigung dagegen aufstauen, stellen Sie die Wiederholung ähnlicher Situationen in der Zukunft sicher. Wenn Sie in den Strom von Verständnis und Vergebung eintreten, werden Sie die Blockade auflösen und mit dem sich entfaltenden Prozeß des Lebens „mitgehen".

Täuschen Sie sich nicht, das ist nicht leicht, weil das Ego in hohem Maße beteiligt ist. „Sie hat kein Recht dazu; dieser Platz gehört mir." Mit diesen irrigen Gedanken muß man sich auseinandersetzen. Es gibt ein Selbst von Ihnen, das über einer solchen Haltung steht und das seine Herrschaft geltend machen und durchsetzen muß. Sie können bejahen: *Niemand kann mir mein Gutes wegnehmen. Es ist wichtiger, inneren Frieden zu haben, als sich über einen Sitzplatz zu streiten. Es ist besser, in Stärke zu stehen, als in Schwäche zu sitzen, in Liebe zu stehen, als in Bitterkeit, Abneigung oder Haß zu sitzen.*

Wenn Sie Ihren eigenen durch das Ego blockierten Strom der Liebe losgelöst und damit einen leuchtenden Strom von Vergebung und Mitgefühl freigesetzt haben, können Sie den anderen mit einem Blick betrachten, der sagt: „Ich weiß, daß du dir nicht richtig bewußt bist, was du mir getan hast, oder auch nur dessen, was du dir selbst antust. Ich segne dich und sehe dich in einem Strom der Liebe, der vielleicht für eine ganz neue Art von Umgebung sorgt, wo du deine Feindseligkeit lösen und deinen eigenen gehemmten Strom der Liebe von seinen Blockaden befreien kannst."

Und dann... können und sollten Sie es alles loslassen. Vor allem: „Sieh zu, daß du keinem Menschen etwas sagst!" Gehen Sie nicht durch den Tag, indem Sie jedem, der Lust hat, zuzuhören, erzählen, wie diese Frau in der U-Bahn Sie umgestoßen hat, um einen Sitzplatz zu bekommen. Lassen Sie es los. Je mehr Sie über die Erfahrung reden, desto offensichtlicher wird es, daß das Problem nicht der andere Mensch ist, sondern Sie.

In der Lehre östlicher Religionen gibt es eine Geschichte von zwei buddhistischen Mönchen, die zu Fuß über Land reisten. Sie begegneten einer Frau, die sich fürchtete, einen vom Regen angeschwollenen Fluß zu überqueren. Beide Mönche waren sich ihres heiligen Gelübdes bewußt, niemals eine Frau zu berühren. Einer von ihnen jedoch wurde von Mitleid angerührt. Also hob er sie auf seine Schultern und trug sie auf die andere Seite. Die Mönche setzten ihre Reise fort, aber Meile für Meile nörgelte der zweite Mönch an dem ersten herum, weil er sein Gelübde gebrochen hätte. Schließlich sagte der erste: „Mein Bruder, ich habe das junge Mädchen einfach über den Fluß getragen, aber du hast sie die letzte halbe Stunde über getragen."

Um mit Menschen auszukommen, muß man bereit sein, mit dem Strom des Lebens *mitzugehen.* Wieviele Menschen werden unnötig durch das Verhalten von Mitgliedern ihrer Familie, Müßiggängern in ihrer Gemeinde und durch die berüchtigten Gestalten, die jeden Tag über den Bildschirm ziehen, belastet. Diese Lasten sind gefährlich, weil sie zu Streß und zu allen Arten von gefühlsmäßiger Unordnung führen. Es gibt heute wissenschaftliche Beweise, die darauf hindeuten, daß dieser Vorgang körperliche Übel von Erschöpfung bis hin zu Geschwüren, Herzbeschwerden und Krebs auslöst.

Sollten Sie also besser gleichgültig Menschen oder Umständen gegenüber sein? Auf keinen Fall. Es ist Ihre Welt. Gewiß, tun Sie, was Sie tun können. Aber wenn es nichts

Konstruktives gibt, was Sie tun können, dann ist es Torheit, sich in selbstzerstörerische Bitterkeit oder Verärgerung oder in Sorge und Furcht zu versenken. Um in der Welt zurechtzukommen oder mit ihr auszukommen, müssen Sie im Strom des Lebens bleiben. Manchmal ist der beste Weg, um mit Menschen auszukommen, ohne sie auszukommen. Lassen Sie los... und gehen Sie weiter.

Eine Frau überschüttete alle mit Selbstmitleid wegen der Probleme ihres Lebens. Ein Freund sagte in dem Versuch, sie zu trösten: „Aber meine Liebe, du reißt dich durch deine Qual auseinander. Warum nicht alles loslassen und ein Gefühl inneren Friedens finden." Die unnachgiebige Frau antwortete: „Oh, das könnte ich einfach nicht tun. Ich denke, wenn der Herr mir Leiden schickt, dann ist es meine Pflicht zu leiden." Sie irrte sich in zwei Punkten. Der Herr sendet keine Leiden. Schwierigkeiten im Leben oder in jedweder Art von menschlichen Beziehungen rühren einfach und einzig und allein daher, daß wir aus dem Bewußtsein des Stroms der Liebe und Harmonie herausgeraten. Und zweitens ist unsere Verantwortung, wie schon das Wort impliziert, unsere Antwort auf Gottes Fähigkeit[8]. Wir haben auf Dinge „da draußen" reagiert. Nun müssen wir Gott „unseren Sinn von innen her umformen" lassen. Antworten Sie auf den unaufhörlichen Strom des Lebens. Dann können Sie angesichts der „Schlingen und Pfeile des wütenden Schicksals" fest bleiben und bejahen: *Nichts von all diesen Dingen bewegt mich.*

Jeden Morgen, bevor Sie sich in die Welt aufmachen oder bevor Sie den ersten Kontakt zur Welt durch das Ansehen oder Lesen der Morgennachrichten herstellen, ist es das Klügste, sich selbst durch ein Gebet oder eine Meditation darauf vorzubereiten, bewußt in den Strom des Lebens einzutreten. Es ist einfach eine Frage des Einschaltens des eigenen Lichts, bevor man sich irgendeiner Dunkelheit in der Welt oder im menschlichen Verhalten stellt. Im Strom der Liebe werden Sie dazu neigen, die Göttlichkeit in allen Personen zu sehen und auf sie zu reagieren. Statt von der Welt und den Menschen in ihr zu erwarten, daß sie Ihren Tag glücklich oder harmonisch machen, werden Sie sich fest in der Art von Bewußtsein verankern, die Sie erfahren möchten, und es durch sich hindurchströmen und von sich ausgehen lassen.

Denken Sie daran, das Leben wird von innen nach außen gelebt. Solange Sie meinen, Ihre Sicherheit oder Ihr Glück hänge davon ab, was Menschen Ihnen tun oder was sie um Sie herum tun, werden Sie besorgt darauf achten, daß niemand Ihre Position bedroht oder sich an Ihren Rechten zu schaffen macht, und Sie werden bereit sein, sich auf einen Kampf mit denjenigen einzulassen, die es tun. Das Symbol dieses Bewußtseins ist die geballte Faust, die Spannung, Frustration und Feindseligkeit bezeugt.

Versuchen Sie für einen Augenblick ein Experiment. Strecken Sie Ihre Hände aus. Ballen Sie fest die Fäuste. Das ist ein doppelfäustiges Symbol der Frustration und Gewalt. Können Sie nicht spüren, wie Ihr ganzes Sein eine Haltung der Verteidigungsbereitschaft, sogar der Kampfbereitschaft ausstrahlt? Wenn Sie in diesem Bewußtsein weitergehen sollten, stehen die Chancen gut, daß Sie kämpfen müßten. Wenn die Fäuste geballt sind, ist der Geist angespannt, und Gedanken der Verärgerung, der Abwehr und der Furcht dringen in Ihr Bewußtsein ein. Nähern Sie sich irgend jemandem mit geballten Fäusten, und Sie werden sehen, daß er die eigenen ballt.

Nun öffnen Sie Ihre Hände und lassen Sie sie an den Seiten herunter- oder bequem in Ihren Schoß fallen. Beobachten Sie, wie Ihre Spannungen verschwinden und sich Ihr ganzer Körper entspannt. Nehmen Sie wahr, wie Ihre ganze Mentalität sich zu öffnen und Ihr Widerstand sich aufzulösen scheint. Die offene Hand kann keine Waffe halten. Sie ist ein Symbol des guten Willens und des Friedens. Die offene Hand kann jemandem auf die Schulter klopfen, jemanden aufheben, Hände zu einer gemeinsamen Sache ergreifen... und einen Brief tippen, ein Bild malen, einen Garten bepflanzen und die Seiten eines Buches umwenden.

Geschlossene Hände halten besitzergreifend sowohl an Menschen als auch an Situationen fest – offene Hände lassen sie los. Offene Hände symbolisieren eine Bereitschaft, den Strom anzunehmen. Strecken Sie Ihre Hände in einer Geste der Bereitschaft aus: Handflächen nach oben, Hände zusammen, so daß sie eine Schale oder ein Gefäß formen. Einige Leute ziehen es vor, immer in dieser Stellung zu beten oder zu meditieren. Machen Sie keinen Fetisch aus so etwas, aber es kann hilfreich sein, wenn Sie es als eine symbolische Geste der Bereitschaft ansehen, die Fülle des Lebensstromes aufzunehmen.

Jetzt nehmen Sie sich ein paar Augenblicke Zeit in ruhigem Nachdenken. Setzen Sie sich bequem in Ihren Stuhl, die Hände locker im Schoß – diesmal mit den Handflächen nach oben und zur Schale zusammengelegten Händen. Dann lassen Sie etwas wie diesen Gedanken als bejahendes Gebet leicht durch Ihr Bewußtsein gehen:

Hier bin ich, Vater, gebrauche mich als Werkzeug Deiner Liebe... als Übermittler deines Friedens. Ich bin im Strom des Lebens, und ich habe ein ungezwungenes und liebevolles, geduldiges und verständnisvolles Verhältnis zu al-

len Menschen. Ich weiß, daß, egal was irgend jemand ist oder tut, mich das, was ich bin und was ich tue, ganz gewiß befähigen kann, zurechtzukommen. Es mag bedeuten, daß ich leicht mit ihm auskomme, oder es mag bedeuten, daß ich ihn loslassen und ohne ihn auskommen werde. Aber in jedem Fall weiß ich, daß es meine Verantwortung ist, einfach im Strom zu bleiben, weiter mit Augen der Liebe zu sehen, bereit zu sein, zu empfangen und auf den allgenügenden Strom des Lebens, der Liebe und der Weisheit zu reagieren. Ich gehe vorwärts in der freudigen Gewißheit, daß, welche Menschen oder Situationen auch an diesem Tag zu mir gelangen mögen, es gut sein wird, denn ich werde im Strom des Guten sein. Und wenn ich je einen flüchtigen Moment der Sorge haben sollte, werde ich einfach loslassen... und es fließen lassen.

6. Kapitel

Die Quelle des Gebens

Während der Weihnachtszeit werden in jedem Jahr Menschen von der Feststimmung gefangengenommen, was ein rasendes Verschenken von Gaben und einen wilden Austausch von Grußkarten hervorruft. Es ist eine interessante Studie der menschlichen Natur und zeitgenössischer Werte. Es ist ganz normal, daß das Schenken materialistisch, statusbesetzt, bis zum Äußersten von Konformität bestimmt und erschöpfend ist. In gewisser Hinsicht ist ein großer Teil des Gebens in der Tat defensiv: „Sie haben uns eine Karte geschickt, also müssen wir umgehend eine zurückschicken." „Er hat mir einen Schal für zehn Dollar geschenkt, also muß ich ihm etwas geben, das mindestens zehn Dollar kostet." Es ist, als sagte man: „Ich kann nicht zulassen, daß sie mich dazu bringen, daß ich ihnen verpflichtet bin."

Jedes Jahr gibt es einen Aufschrei danach, Weihnachten wieder mit Christus zu erfüllen! Aber es ist zweifelhaft, ob irgend jemand wirklich weiß, was das bedeutet. Ein weitaus größeres Bedürfnis besteht nach einer neuen Einsicht in den Strom des Lebens und nach der Erkenntnis, daß wahres Geben bedeutet, dem Strom *den Weg freizugeben.*

Jesus gibt in einer Seiner Seligpreisungen einen wichtigen Schlüssel zum wirksamen Leben: *„Selig sind die Sanftmütigen, denn sie werden das Erdreich besitzen"* (Matt. 5:5). Es scheint keine realistische Gebrauchsanweisung für das Leben in modernen Zeiten zu sein. Wenn Er gesagt hätte:

„Sie sollen den Himmel erben", dann könnte es eher annehmbar sein. Aber „sie werden das Erdreich besitzen"! Sicherlich möchte es eher so scheinen, als seien es die Starken und Aggressiven, nicht die Sanftmütigen, die im Leben die Sahne abschöpfen, die die Erde in Besitz nehmen.

Das griechische Wort *praeis,* übersetzt mit „sanftmütig", bedeutet in Wirklichkeit „zahm". Es ist das Gegenteil von wild und ungezügelt. Es bezieht sich auf den gerüsteten Menschen, auf den, der sich selbst beherrschen kann, einen, der fest im Zentrum seiner spirituellen Schwerkraft verankert ist, auf einen, dessen Bewußtsein scharf eingestellt ist, der sich im Strom des Lebens befindet.

Es gibt ein orientalisches Sprichwort: „Sanftmütigkeit bezwingt Gott selbst." Gott ist der dynamische Strömungsprozeß des Universums, dasjenige, was von innen nach außen in den Menschen ein- und durch ihn hindurchfließt. So sagt Jesus: „Gesegnet sind die Sanftmütigen, denn sie *geben* dem Strom des ewigen wesensgemäßen Gebens Gottes *den Weg frei."* Das ist eine aufregende neue Einsicht. Wahres Geben ist nichts, was du jemandem tust oder das du für ihn tust, sondern es ist deine Zustimmung dazu, den Strom Gottes durch dich hindurch zu diesem Betreffenden hinfließen zu lassen. Während der Nachdruck gewöhnlich darauf liegt, wohin oder wozu du gibst, ist es das Wichtige, *woher* du gibst.

Das Wort „geben" ist so vollständig mit frommen Akten der Menschenliebe identifiziert worden, daß es schwierig ist, sich das Wort vorzustellen, ohne es mit den Geschäften der Kirche in Verbindung zu bringen. Der Nachdruck ist stets darauf gelegt worden, *wofür* die Gabe ist und was für Belohnungen in Gestalt von „himmlischer Gnade", priesterlichen Segnungen, einem Namen auf dem farbigen Glasfenster und einem gesunden Nachlaß auf die Einkommenssteuer dafür zurückkommen.

Die Kirchen haben es vor allem deshalb versäumt, die Wahrheit über das Geben zu lehren, weil sie mit ihrem eigenen Bedürfnis beschäftigt waren, etwas zu bekommen. Nun verdient eine effektive Kirche sicherlich die Unterstützung ihrer Gemeinde, aber grundlegend für diese Effektivität ist es, den Menschen zu helfen, das Prinzip des Gebens zu verstehen. Es ist nicht genug, Menschen dazu anzustacheln, etwas *für* eine Sache zu geben, denn es kann zu einer routinemäßigen und mechanischen Angelegenheit werden. Die Leute müssen wissen, *wovon* sie geben, und auf diese Weise bewußt dem göttlichen Prozeß *den Weg freigeben.*

Hier ist ein Rätsel zum Nachdenken: Eine Tasse kommt zum Wasserhahn, um Wasser zu holen. Der Wasserhahn öffnet sich und läßt das Wasser hervorfließen, um die Tasse zu füllen. Hat der Wasserhahn der Tasse etwas gegeben? Oder ist der Wasserhahn damit beschäftigt gewesen, aus seiner Quelle zu schöpfen, wobei die Tasse einfach an dem Vorgang beteiligt war? Erhält die Tasse einfach Wasser? Oder gibt sie in Wirklichkeit, indem sie für einen Prozeß empfänglich ist, in dem der Wasserhahn mehr erhalten kann? Es ist nicht wichtig, eine Antwort als richtig zu bestimmen – nur, die Frage weiter zu stellen. Sie könnte als etwas benutzt werden, worüber man in der Meditation nachdenkt, wie ein *koan* für einen Zen-Buddhisten.

Beim Geben spielt so vieles mehr eine Rolle als nur Philanthropie, Wohltätigkeit und die Abgabe des Zehnten an eine Kirche. Diese Dinge sind empfehlenswert und wichtig. Es besteht dabei jedoch die Möglichkeit, daß das Geben geschieht, „um von den Menschen gesehen zu werden", zum

Zweck der Befriedigung des Ego und der persönlichen Anerkennung. Jesus sagte, daß solche Personen ihren Lohn bereits hätten. Sie wollten menschliche Anerkennung, und sie bekamen sie. Der wahre Prozeß des Gebens jedoch, der einen Strom von innen nach außen nach sich zieht, mag dabei nicht im geringsten erfüllt worden sein.

Kahlil Gibran legt in seinem klassischen Werk „Der Prophet“ die höchste Betonung auf das Geben:

> Du gibst nur wenig, wenn du von deinen Besitztümern gibst. Wenn du von dir selbst gibst, gibst du wirklich.... Da sind diejenigen, die wenig von dem Vielen geben, das sie haben – und sie geben, um Anerkennung zu erhalten, und ihr verborgener Wunsch macht ihre Gaben ungesund.... Und da sind die, die unter Schmerzen geben, und dieser Schmerz ist ihre Taufe. Und da sind die, die geben und keinen Schmerz im Geben kennen, auch keine Freude suchen oder im Gedanken an Tugendhaftigkeit geben; sie geben so, wie in jenem Tal die Myrthe ihren Duft in den Raum verströmt. Durch die Hände solcher wie dieser spricht Gott, und aus der Tiefe ihrer Augen heraus lächelt Er auf die Erde herab.“ 14)

Dies weist auf zwei deutlich verschiedene Arten von Geben hin: (1) Geben, das *außenzentriert* ist, welches den Geber erschöpft; und (2) Geben, das *innenzentriert* ist, das die Gabe mit dem erfüllt, was ihren innerlichen Wert übersteigt; und das den Geber so segnet, daß er wie der Wasserhahn, der die Tasse füllt, unmittelbar und in gleichem Maße von innen her gefüllt wird.

Wenn Sie ein Bedürfnis sehen und aus einem Gefühl der Pflicht oder der Sympathie heraus auf dieses Bedürfnis *hin* geben, dann ist Ihr Geben außenzentriert. Wenn Sie sich andererseits dann, wenn Sie ein Bedürfnis sehen, der Erkenntnis des Allgenügens Gottes zuwenden und dann nicht einfach auf das Bedürfnis *hin* geben, sondern *aus* dem Bewußtsein göttlicher Versorgung heraus, dann ist Ihr Geben innenzentriert. Es ist eine subtile Unterscheidung, aber das Erkennen dieses Vorgangs und das Handeln danach ist eine der wichtigsten Einsichten für eine effektive Lebensweise.

Wenn das Geben außenzentriert ist, ist es eine persönliche Sache, und das Ego ist in hohem Maße beteiligt. Es besteht eine Notwendigkeit, gesehen und gewürdigt zu werden, und wenn es keine gibt, dann wird sich der Geber wahrscheinlich verletzt fühlen oder ausrufen: „So eine Undankbarkeit!" Aber wenn das Geben innenzentriert ist, ist es unpersönlich. Die Betonung liegt nicht auf der Gabe selbst oder darauf, wem oder wofür sie gegeben wird, sondern auf der inneren Quelle der Liebe und Substanz, *aus* der sie gegeben wird. Der Akt des Gebens ist ein *Den-Weg-freigeben* für den Strom, der aus der Quelle des Allgenügens entspringt. Und es ist kein Gefühl der Erschöpfung im Geben, denn das Geben ist gleichzeitig ein Empfangen. Weil der Akt mit dem Geben abgeschlossen ist, gibt es keine Erwartung einer Belohnung oder Anerkennung. Im inneren „Kämmerlein", was vielleicht Jesu Begriff für „im Strom" ist, wird es dir *„dein Vater, der in das Verborgene sieht..., vergelten"* (Matt. 6:6).

Außenzentriertes Geben wird am häufigsten aus einem Gefühl persönlicher Unzulänglichkeit heraus zurückgehalten, auf jene nebulöse Zukunft hin aufgeschoben, in der die Dinge anders sein werden: „Wenn ich diese Einkommenserhöhung bekomme oder die Kommission aus dem Geschäft, das ich abschließen werde, dann werde ich den Zehnten geben und soundsoviel für meine Kirche und für die von mir bevorzugte wohltätige Sache tun." Innenzentriertes Geben ist ein spontaner Strom, der alle und jede Mittel als Kanäle benutzt. Es ist Geben von dem, was jetzt zur Verfügung steht, aber die Gabe wird durch die Liebe, das Lob und die Dankbarkeit maximiert, die von innen hervorströmen.

Das wird anhand jenes Falles klargemacht, in dem Petrus und Johannes am Tor des Tempels von einem Bettler angesprochen wurden (Apostelgeschichte 3:1-9). Der arme Mann war sein ganzes Leben lang ein Krüppel gewesen. Es bedeutet nicht, voreingenommen zu sein, wenn man sagt, daß er außerhalb des Stromes war. Einer, der sich vom Leben etwas erbettelt, entweder durch seine Einstellung gegenüber seinen Arbeitgebern oder von der Gesellschaft im allgemeinen, ist aus dem Strom seiner eigenen Quelle innerer Unterstützung heraus. Erinnern Sie sich, Jesus sagte: *„... es hat eurem Vater gefallen, euch das Reich zu geben"* (Luk. 12:32). Einer, der gegenüber der Erkenntnis seines wahren Wesens schläft, steht am Scheideweg des Lebens mit der Bettelschale in der Hand.

Aus diesem Bericht wird deutlich, daß die Jünger sich in einem hohen Bewußtseinszustand befanden. Sie waren wirklich im Strom. Denn wenn ihr erster Gedanke Mitgefühl mit dem „armen Bettler" gewesen wäre, dann hätten sie seinen Mangel unterstützt, indem sie irgendeine kleine Spende in seine Bettelschale gelegt hätten. Und obwohl sie sich wegen ihrer Hilfe einem unglücklichen Geschöpf gegenüber hätten fromm fühlen mögen, würden sie dadurch, daß sie es taten, aus dem Strom herausgekommen sein.

Petrus behielt jedoch eine kosmische Perspektive bei. Statt die Notwendigkeit zu betonen, *für* den Mangel des Mannes zu geben, wendete er seine Gedanken nach innen und gab *aus* der Quelle unerschöpflicher Substanz heraus. Er sagte zu dem Mann: *„Silber und Gold habe ich nicht; was ich aber habe, das gebe ich dir: Im Namen Jesu Christi von Nazareth stehe auf und wandle!"* (Apostelgeschichte 3:6). Und der Mann wurde augenblicklich und vollkommen geheilt. Der Mann flehte um eine milde Gabe, aber sein wirkliches Bedürfnis war es, in den Strom des Lebens zurückzukommen, eine in sich selbst gegründete Persönlichkeit zu werden. Eine außenzentrierte Gabe würde ihn in seinem Leben als Bettler unterstützt haben. Die innenzentrierte Gabe eröffnete den Weg zu einem neuen Leben der Freiheit.

Wenn wir die Geschichte im Kontext modernen Verhaltens betrachten, dann könnte die Reaktion gegenüber den „Bettlern" des Lebens lauten: „Ich habe viel Silber und Gold, hier ist mein höchst bedeutendes Geschenk. Ihr solltet sehr dankbar sein." Oder: „Ich habe wenig Silber und Gold. Ich habe es selber schwer, daher tut es mir leid, aber ich kann euch nicht helfen." In beiden Fällen gibt es einen Mangel an Verständnis für das wahre Prinzip des Gebens.

Der faktische Umgang mit Bettlern ist nicht der Gegenstand dieser Diskussion. Sicherlich ist er ein Problem in unserer Zeit, in der sich erwiesen hat, daß Dollarlösungen völlig unzulänglich sind. Nicht daß wir ohne Mitgefühl gegenüber den unterprivilegierten Menschen um uns herum sein sollten, aber wir sollten erkennen, wie wichtig es ist, um ihret- und unseretwillen, den Prozeß des innenzentrierten Gebens zu begreifen. Es erfordert Herzensgröße, das Ego loszulassen, wirklich nachzugeben, damit die verwandelnde Kraft Gottes hervorströmen kann. Der „Strom“ *kann* die Gestalt von Brot in der Bettelschale haben, aber er kann auch in Gestalt von Nahrung für die Seele erfolgen, die auf innere Veränderungen gerichtet sein wird, die wirklich und von Dauer sind. Natürlich wird es erforderlich sein, daß auch die unglücklichen Menschen den Weg freigeben. Sie müssen bereit sind, sich in die Vorstellung hineinzuversetzen, daß sie mehr sind als Bettler und daß, wenn sie in den Strom des schöpferischen Prozesses hineingelangen, Wunder der Veränderung in ihnen und durch sie bewirkt werden können.

In Ihnen ist eine Quelle von unendlichem Leben, unendlicher Substanz und Intelligenz, und Ihnen gehört – jederzeit – das Privileg, ihrem Strömen nachzugeben. Ob es in Ihrem eigenen Leben oder im Leben eines anderen ist, wenn es einen Mangel irgendeiner Art gibt, dann ist die Wahrheit: Etwas blockiert den Strom. Die wirksamste Arznei: Geben! Es gibt eine alte Redensart: „Wenn die Mittel knapp werden, muß man etwas geben.“ Dieses „etwas“ bedeutet keine Sache, über die Sie keine Kontrolle haben; Sie selbst sind gemeint. Sie müssen *sich selbst* geben – indem Sie dem Strom nachgeben.

Eine Pionierin der Lehre dieser „neuen Einsicht in die Wahrheit“ hatte eine interessante Beratungsmethode. Menschen aller Lebensstufen und in allen möglichen persönlichen Notlagen kamen zur Behandlung zu ihr. Egal was sie sonst noch für sie tat, sie bestand immer darauf, daß die Leute, ehe sie den Raum verließen, sich zu irgendeiner Art von Geben verpflichteten. Sie pflegte die Wahrheit hervorzuheben, daß sie, wenn sie Hilfe oder Heilung wollten, den Kanal durch Nachgeben öffnen müßten. Dieses Geben konnte eine „Dankesgabe“ für ihre Gebetshilfe sein (obwohl in keiner Weise vorgeschlagen wurde, daß sie das tun sollten). Aber es konnte auch die Idee sein, etwas für einen anderen Menschen zu tun oder irgendeinen selten benutzten Besitz wegzugeben. Ihr Lieblingstext war: „So wie du gibst, so sollst du auch empfangen." Die Betonung lag immer auf den Worten „so wie". Für diese Lehrerin war es eine Sache des unerbittlichen Prinzips, bei dem es keine Wenns, Unds und Aber gab. Wenn man gibt, mit der Bewegung des Gebens an sich, öffnet man dem inneren Strom den Weg. Sie sagte immer: „Dein Geben *ist* dein Empfangen."

Wir sind beständig in der Gegenwart einer unendlichen und ewigen Energie, aus der alle Dinge hervorgehen. Daher liegt es nie an einem Mangel an Leben, Substanz, Intelligenz oder Liebe, daß wir Schwierigkeiten erfahren, sondern daran, daß wir außerhalb des Stromes sind. Und eine der effektivsten Arten, in den Strom zurückzukommen, ist durch das Geben. Wir mögen „Mangel" oder „Bekommen" gedacht haben oder es uns als Bedürfnis vorgestellt haben, „zu bekommen". Jetzt müssen wir „Geben denken"!

Das Prinzip und der Prozeß des Gebens betreffen jeden Aspekt des Lebens. So hegt zum Beispiel jedermann in seinem Herzen einen heimlichen Wunsch danach, im Leben erfolgreich zu sein, aber nicht jeder hat das Wunder des Gebens entdeckt. Wie häufig hält jemand nach Gelegenheiten Ausschau, die ihn zum Erfolg führen könnten, und doch schlägt er Ansprüche, die an ihn gestellt werden und die nicht mit dieser Suche in Zusammenhang zu stehen scheinen, aus und setzt ihnen sogar Widerstand entgegen. Er könnte sogar sagen: „Was ist dabei für mich drin?" Wenn wir die vollen Implikationen des Lebensstromes begreifen, dann könnte es günstiger sein zu sagen (oder zu empfinden): „Was ist in mir für die Welt drin?" Jesus sagt, das

Reich liege in uns. Sind wir bereit, seinem Strömen nachzugeben?

Vor vielen Jahren kamen ein Mann und seine Frau, unfähig, eine Unterkunft für die Nacht zu finden, in ein kleines Hotel in Philadelphia. Der Manager gab ihnen sein eigenes Zimmer, weil alle anderen Zimmer belegt waren. Es war keine von irgendeinem Eigeninteresse angeregte Geste. Er kannte die Leute nicht, und vielleicht hätte nie jemand von seiner Tat erfahren. Er gehörte einfach zu einer Art von Managern, die glaubte, daß Service das wichtigste Produkt eines jeden Unternehmens wäre. In Wirklichkeit waren die Reisenden Mr. und Mrs. William Waldorf Astor. Einige Jahre später, als das Waldorf-Astoria-Hotel in New York City erbaut wurde, bestand Mr. Astor darauf, als Manager den Manager jenes obskuren Hotels in Philadelphia einzustellen. So wurde George C. Boldt im Hotelgewerbe der größte Mann, den es je gab. Wenn du im Strom bist, wie er es ganz gewiß war, dann „wirken alle Dinge zu deinem Guten zusammen“.

Wenn der Hahn der Tasse Wasser gibt, dann erzeugt er in Wirklichkeit ein Bedürfnis nach einem Strom, der ihn wieder auffüllt. In der Physik würde man dieses Bedürfnis ein „Vakuum“ nennen. Weil die Natur ein Vakuum verabscheut, zieht das Bedürfnis die Fülle nach sich. Paulus bezieht sich hierauf, wenn er sagt: *„Mein Gott aber wird all euer Bedürfnis nach seinem Reichtum in Herrlichkeit erfüllen“* (Phil. 4:19). Es ist nicht genug, etwas haben zu wollen. Der Wunsch muß auf irgendeine Weise zum Geben führen, was ein Nachgeben gegenüber dem größeren Strom bedeutet.

Das ist ein Prinzip, das überall in der Natur beobachtet werden kann: Der Eisbär hat einen weißen Pelz, weil er ihn zur Tarnung braucht. Eine Ente hat Schwimmhäute zwischen den Zehen, weil sie sie braucht. Derjenige, der Gräben ausschachtet, entwickelt schwellende Muskeln, weil er sie braucht. Ein schlapper Büroangestellter hat keine Muskeln, weil er sie nicht braucht. Er mag sich wünschen, daß er welche hätte, aber es wird sich keine Stärke einstellen, bevor er nicht ein berechtigtes Bedürfnis dadurch erzeugt, daß er mehr von dem gebraucht, was er schon hatte. Sport wird ihn nicht stark machen. In Wirklichkeit beansprucht er nur die Muskulatur. Aber Sport wird ein berechtigtes Bedürfnis nach Stärke schaffen. Und wenn erst einmal das Bedürfnis geschaffen ist, fließt die Kraft als selbstverständliche Sache in die Muskeln ein. Es ist ein universeller Prozeß von großer Tragweite für die Sache des Gebens und Lebens.

Es mag Zeiten geben, in denen Sie die Hilfe, die Sie brauchen, nicht finden können, aber es gibt nie eine Zeit, in der Sie nicht dem inneren Strom nachgeben und eine Quelle der Hilfe für jemand anderen sein könnten. Und im Geben schaffen Sie Ihr legitimes Bedürfnis und öffnen so den Weg, um empfangen zu können. Harry Emerson Fosdick pflegte zu sagen, wenn jemand ernstlich darauf aus sei, sich nützlich zu machen, dann sei er in einem Land, wo er überall graben und auf Wasser stoßen könne.

Es wird viel über „positives Denken" geredet. Normalerweise wird es ausschließlich in einem außenzentrierten Zusammenhang betrachtet, positiv denken, um Dinge „da draußen" geschehen zu lassen. In gewissem Sinne gibt es so etwas wie „positives" und „negatives" Denken nicht – nur den Gebrauch, den wir uns von der schöpferischen Macht der Gedanken zu machen entscheiden. Denken ist immer schöpferisch. Die Kraft, die wir einsetzen, um uns krank zu machen, ist dieselbe Kraft, die wir gebrauchen, um uns gesund zu machen. Die Dynamik des Universums fließt in einer positiven Strömung. Wenn wir daher negativ reden oder denken, vereiteln wir das Fließen dieser Strömung. Die Entscheidung, positiv zu denken, erhält uns innerhalb der Strömung; es ist der Wille, dem inneren Strom „nachzugeben".

Vieles „positive Denken" ist angespannt und eigensinnig, denn es ist im Ego zentriert, durch den auf Erwerb gerichteten Instinkt motiviert. Mit anderen Worten, es heißt zu denken: „Nimm!" Notwendig ist aber zu denken: „Gib!", dem inneren Strom nachzugeben. Wir beschäftigen uns so sehr damit zu „wollen", daß wir die Macht des „Lassens" aufgeben. Jesus sagte: *„Euer Vater weiß, was ihr bedürfet, ehe ihr ihn bittet"* (Matt. 6:8). Verbinden wir das mit Seinem Versprechen, daß es des Vaters Wohlgefallen ist, uns das Reich zu geben, und wir erkennen, daß die Antwort immer im Innern ist.

Positiv zu denken heißt, das Denken mit dem Strom des Lebens zu synchronisieren. Dann, wenn der Gedanke im Strom ist, wird er, wie bei dem Vorgang mit dem Wasserhahn, der sich in die Tasse ergießt, zu der Geist-Energie selbst, die hervorströmt, um ihn zu tragen. Das ist das Bewußtsein, auf das Jesus anspielte, als Er sagte: *„Das Wort, das ihr hört, ist nicht mein, sondern des Vaters, der mich gesandt hat"* (Joh. 14:24). Positives Denken sollte kein Versuch sein, etwas durch die Macht unserer vom Ego gelenkten Worte willentlich herbeizuführen. Vielmehr sollte es der Wille sein, Gottes Gedanken Ihm nach zu denken und Sein Reich kommen, Seinen Willen geschehen zu „lassen", wie im Himmel, so auf Erden.

Wenn wir denken „Gib!", wird sich unser Denken nicht nur im Strom spiritueller Kraft befinden, was unsere eigenen Worte mit schöpferischer Kraft erfüllen wird, sondern wir werden auch willige und bereite Kanäle für das Geben in den Beziehungen des Lebens werden, was uns wiederum noch größeres Gutes zuziehen wird. Es ist ein sich fortsetzender Kreislauf, der an den Menschen mit einer gesunden Einstellung immer sichtbar ist.

Ein Mann war äußerst verzagt hinsichtlich seines Lebens. Er war aus einer bedeutenden Position bei einer großen Firma entlassen worden. Es war ein typischer Fall von „zu jung, um in Rente zu gehen, und zu alt, um Arbeit zu bekommen". Er saß auf einer Parkbank und grübelte über seine Situation nach, die ziemlich hoffnungslos erschien. Er wurde sich des Geräuschs von Weinen bewußt. Er ignorierte es zuerst, denn er hatte seine eigenen Probleme zum Beweinen. Als das Schluchzen anhielt, schaute er sich um und entdeckte, daß es ein junges Mädchen war. Zuerst, verärgert über diese Störung seiner trübsinnigen Sitzung, dachte er: „Warum hört sie nicht auf?" Schließlich, dem Instinkt der Menschlichkeit folgend, ging er zu dem Mädchen hinüber und versuchte, sie zu trösten. Nach einiger Zeit gewann er ihr Vertrauen, und sie erzählte ihre Geschichte. Sie war arbeitslos und allein in der Stadt. Sie war zu stolz, um nach Hause zurückzukehren und zuzugeben, daß sie bei ihrem Versuch einer eigenen Karriere versagt hatte. Ihre Situation war verzweifelt geworden, und sie dachte tatsächlich an Selbstmord. Der Mann, sich selbst vergessend, sprach zu dem Mädchen, als wäre sie seine eigene Tochter. Er ermutigte sie, half ihr, eine neue Haltung einzunehmen. Und er schlug ihr einige Kontakte vor. Bald ging das Mädchen lächelnd fort, und neue Hoffnung leuchtete in ihren Augen.

Der Mann saß ungläubig da und versuchte, einzuschätzen, was geschehen war, denn jetzt war aus irgendeinem seltsamen Grund seine eigene Hoffnung wiedergekehrt. Während dieses kurzen Meinungsaustauschs mit dem jungen Mädchen hatte sein eigenes Leben einen neuen Sinn bekommen. Er erkannte, daß er, während er über seine Bedürfnisse nachgegrübelt hatte, den Strom seines Guten weiter vereitelt hatte. Wenn er anfing, „Gib" zu denken, fand ein Loslassen, ein Nachgeben statt. Er vergaß tatsächlich sich selbst in seinem Mitgefühl für dieses hilflose Geschöpf. Der gestaute Strom wurde freigesetzt, seine Perspektive kehrte zurück, und „in einem Augenzwinkern" war er im Strom, und das Leben war wieder gut.

An genau diesem Abend erhielt der Mann einen Anruf, der ihn einlud, die Arbeit an einem wichtigen Projekt aufzunehmen, das einen völligen Neubeginn in seinem Leben bedeutete. Und wie um den Strom auf greifbare Weise zu demonstrieren, erhielt er am nächsten Nachmittag mit der Post einen völlig unerwarteten Scheck. Eine größere Schuld, die er schon lange abgeschrieben hatte, wurde zurückgezahlt. All dies – einfach weil er dem Strom „nachgab".

In jedem Menschen sind große Energie und Kreativität aufgestaut. Es ist selten, wenn es denn jemals geschieht, daß ein Mensch sein Potential völlig ausschöpft. Wie der Dichter sagt, die meisten Menschen sterben mit all ihrer Musik in sich. Das ist der Grund, warum man in einer Zeit großer Anspannung oder in einer Notlage vielleicht plötzlich eine Kraft freisetzen kann, die einem vorher selbst nicht bekannt war. Ohne den Druck außenzentrierter Beteiligung am Leben, frei von der Dominanz des Ego, wendet sich der Mensch vom Sich-Ängsten zum Loslassen, vom Willen zur Bereitwilligkeit, vom Bekommen zum Geben. Plötzlich ist er in einem Strom unglaublicher Kraft.

Die Zeitschrift „Time“ berichtete vor wenigen Jahren über die Geschichte einer behinderten Frau in einer ländlichen Gegend in Florida. Sich von einer langwierigen Krankheit erholend, saß sie in ihrem Rollstuhl auf der vorderen Terrasse des Hauses der Familie. Ihr Sohn war vorne im Hof, unter seinem Wagen, von dem er die Räder entfernt hatte, und brachte Bremsen an. Plötzlich geriet der Wagen ins Schwanken, und das Auto fiel auf den Jungen, so daß es ihn zu Tode zu quetschen drohte. Auf den Aufschrei der Frau hin kam der Ehemann herbeigerannt und versuchte verzweifelt, das Auto von seinem Sohn fort- oder anzuheben, aber ohne Erfolg. Also sprang er in seinen Wagen und raste davon, um Hilfe zu finden. Als das Stöhnen schwächer wurde, wußte die Mutter, daß sie helfen mußte. Aber wie? Sie war seit Monaten nicht gelaufen. Blitzartig erkannte sie, daß es für ihren Sohn um Leben und Tod ging und daß sie die einzige war, die helfen konnte. Sie stellte sich schwankend auf ihre Beine und ging mit unsicheren Schritten zu dem Wagen hinüber. Sich anspannend, fing sie an zu heben. Der Wagen hob sich einige Zentimeter, gerade genug, daß der Junge sich freistrampeln konnte. Dann brach sie auf dem Boden zusammen. Der Arzt wurde gerufen. Abgesehen von einigen Muskelzerrungen war sie unverletzt. Fassungslos über die Tatsache, daß das, was anscheinend geschehen war, auch wirklich geschehen war, sagte der Arzt: „Ich werde mich immer fragen, wie weit sie diesen Wagen wohl angehoben haben würde, wenn sie gesund und kräftig gewesen wäre!“

Wie konnte so etwas geschehen? Es ist nicht genug, wenn man sagt: „Es war ein Wunder!“ Eine solche Schlußfolgerung leugnet den schöpferischen Strom des Lebens und unsere Beziehung zu ihm. Diese Frau war immer ein strahlendes Zentrum des Gott-Lebens gewesen, wie es alle Menschen sind. Aber wie die meisten Menschen lebte sie in einem Bewußtsein, das weit unter ihrem Optimum lag. Nun gab sie durch einen aufrichtigen Wunsch zu geben tatsächlich nach, ließ ihre vorgefaßten Vorstellungen über sich selbst los und ließ die Energie des Universums in sich ein- und durch sich hindurchströmen.

Eine schwache Behinderte hob ein Automobil hoch! Verwirrend, wie solche Geschehnisse sein mögen, wir müssen sie als ein Anzeichen des unterstützenden Prozesses des Universums sehen, der immer in jedem Menschen als eine Gegenwart anwesend ist. Egal wie groß oder wie verzweifelt dringlich das Bedürfnis ist, in jedem Menschen ist eine Quelle des Lebens, die unmittelbar zur Verfügung steht – wenn wir einfach nachgeben können.

Leben ist eine Erfahrung des Strömens, und in jedem Menschen ist ein Einlaß, der im Sichöffnen ein Ausströmen und Einfließen alles dessen bewirken kann, was in Gott ist. Und es gibt einen göttlichen Wunsch, als Leben, Substanz, Liebe und Intelligenz hervorzuströmen. Alles, was erforderlich ist, ist, daß wir nachgeben, es loslassen, Gott in uns Gott sein lassen. Denken Sie „Gib!“, denn das Leben wird von innen nach außen gelebt.

Gib, daß ich nicht so sehr suche, getröstet zu
werden, wie zu trösten;
Verstanden zu werden, wie zu verstehen;
Geliebt zu werden, wie zu lieben...
Denn im Geben empfangen wir.

Gebet des Heiligen Franziskus

7. Kapitel

Das Leben kommt und geht

Aus der legendären Vergangenheit kommt die Geschichte von einem östlichen Monarchen, geplagt von Sorgen und hart bedrängt bei allem, was er tat, der seine Ratgeber und Weisen zusammenrief. Er bat sie, ein Motto zu formulieren, ein paar magische Worte, die ihm in Zeiten der Prüfung oder der Sorge helfen würden. Es müßte kurz genug sein, um auf einen Ring eingraviert zu werden, damit er es immer vor Augen haben könnte. Es müßte auf jede Situation passen, genauso nützlich im Wohlstand wie unter ungünstigen Umständen. Es müßte ein weises, wahres und zeitlos dauerhaftes Motto sein, Worte, nach denen sich ein Mensch sein ganzes Leben lang richten könnte.

Die Ratgeber und Weisen gingen fort und debattierten und argumentierten und beteten. Schließlich kamen sie mit den magischen Worten zu dem Monarchen zurück: Worten für jede Veränderung oder jeden Zufall, Worten, die auf alle Situationen paßten, Worten, um das Herz und den Geist in allen Lagen zu erleichtern. Die Worte, die auf dem Ring eingraviert waren, lauteten: *Auch dies wird vorübergehen.*

Das Leben ist eine fließende Erfahrung, und die einzige Gewißheit ist die Veränderung. In der Furcht und in der Gier, in der Freude und in der Traurigkeit liegt eine menschliche Tendenz dazu, festzuhalten. Wenn das Leben mit Dingen oder mit Beziehungen oder mit Momenten der Erfüllung gleichgesetzt wird, ist die Drohung, sie zu verlieren oder

der Veränderung auszusetzen, zu viel, um es zu ertragen. Daher ist die Entdeckung des Lebensstromes das größte Erwachen des Bewußtseins, das wir erreichen können.

Ein kleines Mädchen hatte große Angst vor Tunneln. Immer, wenn sie mit ihren Eltern im Zug oder im Auto fuhr, versteckte sie in dem Augenblick, in dem sie in einen Tunnel fuhren, ihr Gesicht und vergrub ihren Kopf im Schoß ihrer Mutter. Im Laufe der Jahre entdeckte sie jedoch, daß die Tunnel nicht so fürchterlich waren, wie sie geglaubt hatte. Mit der Zeit bemerkte sie, daß sie Tunnel mochte, weil „sie Licht an beiden Enden haben". Das ist eine sehr bedeutsame Sache, die man sich in Erinnerung halten muß. Während man die dunklen Tunnel des Lebens durchläuft, gibt es Licht an beiden Enden!

Der Psalmist singt: *„Wenn ich auch wanderte durch das Tal des Todesschattens, fürchte ich kein Übel..."* (Psalm 23:4)[9]. Wir müssen besondere Betonung auf dieses Wort *durch* legen. Es gibt Zeiten, in denen wir im Tal zu wohnen scheinen. Aber der Psalmist sagt: *„Wenn ich auch wanderte durch das Tal..., fürchte ich kein Übel."* Er weiß, daß das Tal an beiden Enden offen ist, daß das Leben eine fließende Erfahrung ist und daß die dunklen Schatten des Tals irgendwann dem Licht eines neuen Tages und einer neuen Erfahrung Platz machen werden.

Wir denken uns den Tod oft als die alles überragende Wirklichkeit oder zumindest als die eine große Gewißheit. Aber der Tod ist nur ein Tunnel, durch den wir von Sonnenlicht zu Sonnenlicht gehen. Auch Kummer über den Tod ist ein Tunnel, mit Licht an beiden Enden – etwas, durch das wir hindurchgehen. Es ist die schwierigste aller Erfahrungen. Aber wir müssen erkennen, daß „auch dies vorübergehen wird", und uns von dem göttlichen Gesetz der Anpassung durch das Tal in neues Licht und Verständnis führen lassen. Das Leben geht weiter, und wir können neue Gelegenheiten zu Liebe und Glück finden, wenn wir mit ihm gehen. Der „Strom des Lebens“ ist ein äußerst wichtiges Konzept in Verbindung mit dem Tod und allen Dingen, die mit ihm zusammenhängen. Wir werden der Diskussion später ein ganzes Kapitel widmen.

Was den Unterschied zwischen den einzelnen Menschen und den verschiedenen Situationen ausmacht, mit denen sie konfrontiert werden, ist, daß einige Personen die Tunnelerfahrung zu etwas Statischem werden lassen und beklagen: „Es gibt keine Gerechtigkeit“, „Das ist das Ende; mein Leben ist vorbei.“ Andere jedoch machen unbeirrt weiter, und sie finden als Ergebnis einer jeden Erfahrung Wachstum und Verbesserung.

Körperliche Behinderungen haben aus vielen Menschen Feiglinge und Schwächlinge gemacht. Große seelische Kümmernisse und Unglücksfälle haben viele bewogen, aufzugeben, ihr Bett im Tal des Unglücks aufzuschlagen und sich letzten Endes in Selbstmitleid, Bitterkeit und Desillusionierung festzufahren. Aber es gibt andere, solche wie Beethoven, Stevenson, Milton, Steinmetz und Helen Keller, die, während sie dunkle Tunnel der Not durchschritten, zu neuen Leistungen angespornt wurden. Die Einstellung, mit der der Schwierigkeit begegnet wird, macht den ganzen Unterschied.

Falls Sie mit einem Problem konfrontiert sind, dann weigern Sie sich, sich von Panik erfassen und lähmen zu lassen. Das Leben hat für Sie nicht aufgehört. Das Leben fließt weiter. Bejahen Sie für sich: *Ich akzeptiere die Realität dieser Situation, aber nicht ihre Dauer.*

Sicherlich hat es keinen Sinn, den Kopf in den Sand zu

stecken. Die Erfahrung ist da, damit man sich mit ihr auseinandersetzt. Fassen Sie den Entschluß, daß Sie ihr begegnen wollen, aber zu Ihren Bedingungen. Lassen Sie sich nicht von dem äußeren Geschehen in seine Schublade pressen, sondern öffnen Sie Ihr Bewußtsein dem Strom der Weisheit, der Liebe und des guten Urteilsvermögens, mittels derer Sie meisterhaft damit umgehen können. Bleiben Sie aufrecht, indem Sie bejahen: *Ich begegne dieser Lage in vollkommenem Vertrauen darauf, daß Er, der in mir ist, größer ist als der, der in der Welt ist. Ich leugne ihre Realität nicht, aber ich bestreite ihre Dauer. Ich weiß, daß auch dies vorübergehen wird.*

Einmal, als ich einer beunruhigenden Situation gegenüberstand, die sich wie ein Gewicht auf meine Schultern gelegt hatte, blätterte ich aufs Geratewohl in der Schrift, und meine Augen blieben plötzlich an den Worten hängen: *„Es geschah"*. Das ist eine in der Bibel häufig wiederholte Redewendung, die an sich keine besondere Bedeutung hat. Aber plötzlich hatten die Worte für mich eine besondere Bedeutung: „Dieses Problem kam nicht, um zu bleiben. *Es geschah – es kam, um vorbeizugehen.*"[10] Egal wie real oder wie massiv es erschien, es würde vorübergehen, genau wie jede andere unerwünschte Situation davor es getan hatte. Es war gekommen, um mir etwas zu bringen, was ich für mein eigenes Wachstum brauchte. Aber jetzt würde es in die Vergessenheit weitergehen.

In dem Moment, in dem dieser kleine Lichtschimmer kam, wurde mir die Last augenblicklich von den Schultern genommen. Und als ich meine Sorge über das Problem losließ, bewegte es sich schnell auf eine erstaunliche Lösung zu. Es war beinahe, als ob meine Besorgnis die Lösung verhindert hätte – wie wenn man eine Kompaßnadel festhält und dann zusieht, wie sie sich, sowie man sie losläßt, mühelos wieder auf den magnetischen Nordpol einstellt.

Egal wie real oder wie beängstigend eine Situation sein mag, sie ist dennoch etwas Vorübergehendes. Nur das Gute ist wirklich und von Dauer. Blicken Sie über Ihr Leben zurück und rufen Sie sich die Zeiten in Erinnerung, in denen Sie wegen irgendeiner Krise ganz außer sich waren, in denen Sie in irgendeiner schweren Notlage steckten, die das Ende von allem zu sein schien. Wo ist dieses Problem jetzt? Wo sind die Menschen, die Ihrem Guten im Wege standen? Wo sind jene Umstände, die Sie einzuengen schienen? Wo sind jene Lasten, die Ihnen zu groß erschienen, als daß Sie sie ertragen könnten?

François Villon seufzt: „Wo ist der Schnee vom vergangenen Tage?“ Offensichtlich ist der Schnee von gestern zu einem Bestandteil der Bäume, Pflanzen, Flüsse und Meere von heute geworden. Sie alle sind vollständig verwandelt worden, umgewandelt in neues Leben und neue Formen. Zu jeder Jahreszeit kann man in das Bewußtsein des universellen Stromes schon dadurch hineingelangen, daß man über den unerbittlichen Ablauf der Naturvorgänge vom Anbruch des Winters bis zum Ausbruch des Frühlings, bis hin zu der Üppigkeit des Sommers und der Ernte des Herbstes meditiert. Nichts bleibt; alles ist Veränderung; es geschieht und geht vorüber.

Warum geht ein Kind zur Schule? Um mit Herausforderungen konfrontiert zu werden, die sein Wachstum als Person stimulieren werden. Es kommt bestimmt nicht in die Schule, um zu versagen; es kommt dorthin, um sie zu durchlaufen. Wenn Sie Rückschau über die frühen Jahre Ihres Lebens halten, dann erinnern Sie sich vielleicht an Erfahrungen in der dritten oder der sechsten Klasse. Sie mögen die Lehrer, die Mitschüler, einige der Erfahrungen erinnern. Sie alle waren im damaligen Augenblick wirklich und von lebenswichtiger Bedeutung für Sie. Aber alles, was Sie heute über sie sagen können, ist, daß sie kamen und gingen.

Die Erfahrungen von heute sind einfach Unterrichtsstufen im fortgesetzten Prozeß des Lebens. Wir sind nicht hier, um zu versagen; wir sind hier, um durch das Jetzt hindurchzugehen. Egal wie glücklich oder erfüllend die gegenwärtige Erfahrung sein mag, Sie können sie genauso wenig festhalten, wie Sie die Gezeiten des Meeres zurückhalten können. Wie das „himmlische Manna", mit dem die Israeliten in ihrer Wüstenerfahrung gesegnet wurden, ist das Gute von heute für das Heute, um gebraucht und dann wieder freigesetzt zu werden. Das ist der fortwährende Prozeß des Lebensstromes.

Ein Mann wurde zu fünf Jahren in der Strafanstalt verurteilt. Als sich die Gefängnistore hinter ihm schlossen, wurde er von Angst erfaßt, dann von Selbstmitleid, dann von Feindseligkeit. Er wußte, daß er ein Verbrechen begangen hatte, für das er büßen mußte. Aber er konnte sich nicht mit der Art von Menschen, die dort waren, und mit der allgemeinen Atmosphäre des Gefängnisses in Verbindung bringen. Er verabscheute den Ort; er verabscheute und haßte die Häftlinge, die Wachen, den Aufseher. Er fing an, das Gefühl zu haben, die ganze Welt wäre gegen ihn. Einige der Häftlinge versuchten, freundlich zu ihm zu sein, aber er lehnte es ab, irgend etwas mit ihnen zu tun zu haben. Er verfluchte sie und jeden, der mit der Einrichtung in Verbindung stand. Man muß nicht eigens sagen, daß er fürchterlich unglücklich war.

Eines Tages begegnete er jemandem, zu dem er Vertrauen faßte und der ihm die Augen über sich selbst öffnete.

Dieser ungewöhnliche Gefangene half ihm, die unerwarteten Möglichkeiten in seiner Gefängniserfahrung zu sehen. Er war von brutaler Offenheit: „Schau, wenn du anfängst, dich mit etwas Lohnendem zu beschäftigen, werden diese fünf Jahre um sein, ehe du es gemerkt hast. Warum verbringst du deine Zeit nicht damit, dich auf den Tag vorzubereiten, an dem du hier herauskommst? Du tust niemandem weh außer dir selbst durch die Haltung, die du bis jetzt an den Tag gelegt hast. Es ist genauso blöd, wie deinen Kopf gegen die Zellenwand zu hauen. Warum hörst du nicht auf, dich herumzustreiten, und fängst an, freundlich zu den Leuten zu sein? Du wirst mit der Zeit herausfinden, daß das hier am Ende gar kein so übler Ort ist. Wenn du die Gelegenheiten, die das Jahr bietet, zu deinem Vorteil nutzt, kann deine Haftzeit hier so nützlich sein wie eine Universitätsausbildung."

Diese Worte klangen dem neuen Gefangenen viele Tage lang in den Ohren. Sie fingen an, einen Sinn zu bekommen. Daher fing er an, seine Einstellung zu ändern. Man muß nicht erwähnen, daß er bald mit den anderen Häftlingen zurechtkam. Es wurde ihm Gelegenheit gegeben, sich für einen Kursus in Radioreparatur einzuschreiben. Er fand ihn so interessant, daß er es jeden Tag kaum erwarten konnte, zum Unterricht zu kommen. Er machte seine Sache so gut, daß der Aufseher, nachdem der Kursus abgeschlossen war, es einrichtete, daß er Fortgeschrittenenkurse in Radiotechnik und Elektronik belegen konnte.

Die Zeit verging so schnell, daß er am Ende des vierten Jahres, als er wegen guter Führung vorzeitig entlassen wurde, tatsächlich nur widerstrebend ging. Er hatte noch nicht das Gefühl, seine Ausbildung abgeschlossen zu haben. Er verließ das Gefängnis, um ein gut eingerichtetes Leben zu führen. Während des Zweiten Weltkrieges leistete er der Regierung unschätzbare Dienste, und heute ist er ein hochgeschätzter Fachmann auf dem Gebiet der Elektronik. Seine Erfahrung als Gefangener war „vorübergegangen".

Es mag Erfahrungen in Ihrem Leben geben, die Sie als „Fronzeit" betrachtet haben. Aber in jedem Fall ist es die Einstellung, die zählt, die Art, wie Sie die Erfahrung sehen. Es ist wichtig, an dem Gedanken festzuhalten: „Egal was das Problem ist, es ist gekommen, um vorüberzugehen, nicht, um zu bleiben."

Wie wir es vorher diskutiert haben, ist Krankheit nicht das Ende des Lebens und ganz gewiß nicht der Wille Gottes. Sie ist nicht das Ergebnis irgendeiner „Absicht" der Natur. Krankheit ist einfach irgendeine Begrenzung von Geist oder Körper, die sich selbst von innen her herausarbeitet. Die geistigen und körperlichen Ursachen der Krankheit mögen schon lange Zeit da gewesen sein. Aber jetzt ist sie „passiert", und so ist sie auf dem Weg nach draußen. Schenken Sie dem speziellen Zustand, der Erkältung, den Kopfschmerzen, der Arthritis oder dem Krebs, nicht zuviel gedankliche Energie. Halten Sie an dem Gedanken fest, daß er jetzt aus Ihrem Bewußtsein und aus Ihrem Körper herausgeht und in das Nichts aufgelöst wird, das er ist. Natürlich müssen Sie bewußt loslassen. Da viele Krankheiten emotionell bedingt sind, mag eine Art von subtiler Erfüllung in der Erfahrung liegen. Daher sind Aufrichtigkeit gegenüber sich selbst und Entschlossenheit lebensnotwendig. Jemand hat einmal gesagt: „Wenn du es satt hast, krank zu sein, wirst du gesund werden." Und das, weil Sie an einen Punkt gelangen, wo Sie bereit sind, die Sache loszulassen, in der Erkenntnis, daß sie etwas Vorübergehendes und nichts Bleibendes ist.

Vor ein paar Jahren erlebte ich es aufgrund einer Panne, die, wie ich später entdeckte, auf eine Fehlfunktion des Vergasers zurückzuführen war, daß mein Wagen mitten im dichten Verkehr an der Zollstation einer wichtigen Brücke und genau zur „Rush-Hour" liegenblieb. Hupen wurden laut, die Gemüter erhitzten sich, und mein Anlasser knirschte. Schließlich kam er völlig zum Erliegen, da die Kraft der Batterie erschöpft war. In solch einem Augenblick vergißt man leicht seine spirituellen Ideen und spielt eine ganze emotionelle Tonleiter von Frustration, Ärger und Selbstmitleid herunter. Da war ich, festgefahren in unglaublich dichtem Verkehr. Was war zu tun? Wie sollte ich aus dieser Zwickmühle herauskommen?

Ich erinnere mich, daß mir der scheinbar irrelevante Gedanke kam: „Morgen nacht um diese Zeit werde ich entspannt und glücklich zu Hause sitzen, und dies alles wird in der Vergangenheit liegen." Ich mußte lachen bei dem Gedanken, daß mein Sinn für Humor immer noch funktionierte, selbst in dieser Notlage. Dann wurde mir die volle Bedeutung des Gedankens bewußt. Es war nicht bloß ein witziger Gedanke, sondern eine große Offenbarung. Denn in diesem Blitz der Einsicht schaltete ich mich in den Strom des Lebens ein. Es war keine intellektuelle Analyse des Problems und wie es zu regeln wäre, aber es war die Zusicherung: „Auch dies wird vorübergehen."

Was geschah? Die Antwort kam so schnell, daß es wie ein Wunder schien. Sicherlich würde ein skeptischer Mensch Raum zum Debattieren und Spotten finden. Was für eine Macht kann eine Veränderung der Einstellung über einen fehlerhaften Vergaser oder eine leere Batterie haben? Können Hektik und Angespanntheit auf seiten des Fahrers einen Einfluß auf das Funktionieren eines Wagens haben? Und können Glaube und Gebet selbst unbeseelte Dinge berühren? Es gibt einiges an gültiger Forschungsarbeit, was auf ein lautes Ja auf diese Frage hingedeutet hat. Was mir zu dieser Zeit widerfuhr, das weiß ich nicht richtig. Ich weiß nur, daß ich dazu geführt wurde, den Anlasser nochmals zu versuchen. Der Motor drehte sich einmal, und der Wagen lief. Innerhalb eines Augenblicks sauste ich über die Brükke auf meinem Nachhauseweg. Am nächsten Abend, bequem in meinem Wohnzimmer sitzend, sah ich auf die ganze Erfahrung mit Dankbarkeit darüber zurück, daß mein Augenblick der Krise wirklich „vorübergegangen“ war.

Wenn Sie sich in irgendeiner scheinbar hoffnungslosen Situation befinden, dann ist es klug, nicht der Tendenz nachzugeben, die Finsternis des Tunnels zu betonen, sondern vielmehr Gewicht auf die Tatsache zu legen, daß der Tunnel Licht an beiden Enden hat. Wenn Sie sich mit der Dunkelheit und Vergeblichkeit einer Situation aufhalten, werden Sie bald im Pfuhl der Verzweiflung steckenbleiben. Bleiben Sie im Bewußtsein des Lebensstromes: „Auch dies wird vorübergehen.“

Jede Erfahrung im Leben geht vorüber, weil das Leben Veränderung ist. Das trifft nicht nur auf unglückliche Erlebnisse, Tragödien und Schwierigkeiten zu, sondern auch auf die glücklichen Erfahrungen. Wenn Sie etwas Tolles fertigbringen, irgendeinen Sieg erringen oder ein Ziel erreichen, dann ist es nicht klug, sich zu lange bei dem Erfolg aufzuhalten oder weiterhin endlos zu versuchen, Vergnügen daraus zu ziehen. Es ist passiert. Das Erreichte ist eine Wachstumserfahrung. Es bringt Sie der größeren Entfaltung Ihres eingeborenen Potentials um so vieles näher. Das Gesetz des Lebens ist: „Wachse oder welke.“ Es spielt keine Rolle, daß Ihnen nach einer Leistung die Welt zu Füßen liegen mag; auch dies wird vorübergehen. Morgen ist ein neuer Tag. Er bringt neue Gelegenheiten und neue Anforderungen. Sie können auf vergangenen Erfolg aufbauen, aber Sie können sich nicht auf ihm ausruhen.

Ein Mann wurde dabei beobachtet, daß er fortwährend eine große Anstecknadel trug, die die Aufschrift hatte: „Ich war beim Jahrhundert des Fortschritts dabei." Es zwar zwanzig Jahre nach der Ausstellung von Chicago, aber er trug diese „Medaille" als seinen einen Anspruch auf Bedeutung im Leben. Viele von uns stehen unter einem ähnlichen Zwang, „Medaillen" in Form von Beweisen für frühere Leistungen zu tragen, die wir stets griffbereit halten: Zeitungsausschnitte, Trophäen, Bilder an der Wand usw. Sicher ist es interessant, über das, was geschehen ist, Bescheid zu wissen. Die Geschichte ist ein aufregendes Studienfeld. Aber die Geschichte zeichnet einfach auf; sie verherrlicht nicht. Die „guten Tage" sind nicht die goldenen Tage Ihrer Jugend oder der glänzende Höhepunkt Ihres Erfolges. Es sind die Gelegenheiten und Abenteuer, die sich im Morgen und nur im Morgen finden.

Es ist gut, zurückzublicken und die Segnungen zu würdigen, die im eigenen Leben zu einem gekommen sind. Ein kleines bißchen Nostalgie hat noch niemandem geschadet. Die Gefahr ist, daß man so sehr Gefallen daran findet, im „Aussichtswagen" zu fahren, daß man nie sieht, wohin man geht, sondern nur, wo man gewesen ist.

Es gibt Leute, die den Gedanken „Auch dies wird vorübergehen" unter dem Vorzeichen der Entmutigung akzeptieren könnten. Denn er könnte zu besagen scheinen, daß die guten Dinge im Leben flüchtig sind und wir sie nur im Rückblick würdigen können. Wenn wir jedoch den Gedanken des „Lebensstromes" erfassen, erkennen wir, daß es das

Hinarbeiten auf das jeweilige Ziel ist, was uns im Leben Befriedigung verschafft, und nicht das Auskosten des Geleisteten selbst.

Groß ist die Täuschung „Ich werde glücklich sein, wenn..." Es gibt kein wahres Glück im Erreichen von etwas, keines, das über den flüchtigen Moment der Euphorie hinausginge. Das Leben ist Veränderung. Der Verkauf wird getätigt, und die Kommission wird verbucht. Das Buch wird geschrieben, das Ballspiel gewonnen. Morgen müssen wir trotzdem immer noch die visionäre Kraft finden, um einem neuen Tag entgegenzutreten. Es gilt, andere Verkäufe zu tätigen, andere Bücher zu schreiben und andere Spiele zu spielen. Das Glück stellt sich ein, wenn man erkennt, daß man im Strom des Lebens und der Führung ist, so daß man es erfüllt und gut leben kann.

Groß sind die Probleme, vor denen das junge Paar steht, das eine Familie gründet und Kinder großzieht. So schwer es zu akzeptieren sein mag, Tatsache ist, daß Kinder in unser Leben treten, um es zu passieren. Sie kommen, um zu wachsen und dann zu gehen. Wie natürlich ist es, wenn eine Mutter sagt: „Ach, ich wünschte, ich könnte ihn sein ganzes Leben lang wie ein kleines Kind behalten." Natürlich ist es ein müßiger und recht negativer Traum. Leben ist Wachstum, und Leben ist Veränderung. In späteren Jahren mag man den Wunsch haben, das Kind als Neunjährigen zu behalten, als den altklugen kleinen Kerl, von dem man einfach nicht ertragen kann, ihn zu einem „Problem-Teenager" heranwachsen zu sehen. Aber nur allzu früh verlegt er sich darauf, lange Haare zu tragen, wilde Musik zu spielen und die nächtlichen Ausgangssperren zu überschreiten, die ihm gesetzt werden. Das Nächste, was man mitbekommt, ist, daß er fortgeht, – aufs College, in die Ehe, zur Arbeit und in sein eigenes Leben. Mutter und Vater fangen um diese Zeit häufig an, sich aus der neuen Familie, die gegründet wird, ausgeschlossen zu fühlen. Sie haben das Gefühl, daß etwas aus ihrem Leben gegangen ist. Aber es ist nur „herausgegangen“, weil sie das Glück und die Erfüllung, die mit jeder Erfahrung kommen, aufgeschoben haben. Es ist passiert, vorbeigegangen.

Es ist traurig, das leere Leben von Eltern zu sehen, die nie gelernt haben, ihre Kinder loszulassen, selbst nach langen Jahren der Trennung. Dieselbe Tragödie kann man bei dem Ehemann oder der Ehefrau sehen, die durch den Tod getrennt wurden, ohne gelernt zu haben, daß eine Erfahrung oder eine Beziehung einen Segen der Bereicherung für den Augenblick hat. Wir müssen den Segen annehmen, aber mit dem Leben weitergehen.

Wenn jemand, den wir lieben, zu einem neuen Bewußtsein, in eine neue Erfahrung oder sogar von dieser Lebensebene auf eine andere Ebene weitergeht, dann ist es etwas Positives. Es gibt immer eine konstante Bewegung des Guten. „Auch dies wird vorübergehen“ – sowohl der Schmerz als auch die Freude. Der einzige Weg, um ein fortgesetztes, dauerhaftes Gefühl des Friedens und der Erfüllung zu finden, ist, abenteuerlustig zu sein, jedem Tag in dem Bewußtsein gegenüberzutreten: „Dies ist ein neuer Tag, und ich werde seine Segnungen und seine Probleme annehmen; ich werde ihn genießen und Erfüllung darin finden, selbst wenn auch er vorübergehen wird.“

Falls Sie ein körperliches Problem erleben, können Sie Hoffnung und Kraft aus dem Wissen schöpfen: „Auch dies wird vorübergehen.“ Aber wenn es passiert und vorbeigeht und Sie aus Ihrem Tunnel ins Licht kommen, ist eines nicht zu übersehen: Sie werden nie wieder derselbe sein! Widerstehen Sie der Versuchung, wieder zu der Art und Weise zurückzukehren, wie die Dinge waren. Denken Sie daran, daß so, wie die Dinge lagen, sich ein unterschwelliger Sturm in Ihnen zusammenbraute, der schließlich in Gestalt Ihrer Krankheit ausbrach. Schauen Sie nicht zurück. Sehen Sie nach vorn, neuen Erfahrungen entgegen. Der Wunsch, „zum Normalzustand zurückzukehren", ist unrealistisch. Die Prüfungen in der sechsten Klasse mögen schwerer sein (und sollten es auch sein), aber Sie gewinnen nichts damit, daß Sie versuchen, in die dritte Klasse zurückzukommen, wo die Prüfungen einfacher waren. (In Wirklichkeit erscheinen sie nur einfacher, weil Sie sie jetzt aus der Sicht der sechsten Klasse sehen.)

Jeder Tag Ihres Lebens 'geschieht' und geht vorüber. Jeder Tag ist eine fortgesetzte Erfahrung des Wachstums. Wie Shakespeare es ausdrückte: „Komme, was kommen mag! Die Stund' und Zeit durchläuft den rauhsten Tag" *(„Come what come may, time and the hour runs through the roughest day").* 15) Es mag ein miserabler Tag gewesen sein, aber er ist vorbeigegangen. Er hat Sie vor die Herausforderung gestellt, sich um eine höhere Bewußtseinsebene zu bemühen. Die Sonne geht irgendwann unter und bringt die Erleichterung und den ruhigen Frieden der Nacht, und morgen ist ein neuer Tag. Es besteht keine Notwendigkeit, diesen problematischen Tag noch einmal durchzugehen, seine Geschichte einzustudieren, sich seinetwegen zu grämen. Er ist passiert und vorbei.

Selbst wenn es der beste Tag war, den Sie je hatten, – danken Sie für ihn und sehen Sie fortgesetzten Gelegenheiten zum Wachstum entgegen. Sie können an diesem großartigen Tag genauso wenig festhalten, wie Sie das Fortschreiten der Sonne über den Himmel aufhalten können. Sie müssen ganz von vorne anfangen. Das ist der große Ausgleicher des Lebens, ein Beweis für die Existenz einer göttlichen Gnade, die ständig an den Angelegenheiten des Menschen beteiligt ist. Sie können weder zurückgehen noch am Heute festhalten. Das Leben wird in einer Serie von Fortschritten gelebt, wobei das Gute zum Besseren und das Bessere zum Besten führt.

Wann immer Sie ein Holzscheit ins Feuer werfen, muß das Holz (wie die Eichel und der Baum) weichen, um die Hitze und das Licht des Feuers herbeizuführen. In der Schrift gibt es einen schönen Vers: *„Gott sucht das Entschwundene wieder hervor“* (Pred. 3:15)[11]. Das Holz muß seine Identität im Feuer verlieren. Wenn das Heute vom Feuer der Begeisterung, vom Licht und von der Hitze kreativen Handelns durchglüht sein soll, dann muß das Vergangene verzehrt werden. Wir müssen das Alte loslassen und uns dem sich entfaltenden „Jetzt“ des Morgen und Übermorgen stellen, wissend: „Auch dies wird vorübergehen.“

Nichts, was geschieht, ist endgültig. Ist das nicht eine wunderbare Wahrheit? Sie mögen sich objektiv betrachten und sagen: „Nun gut, ich habe viele Probleme erlebt und überstanden, und ich habe gewisse Begrenzungen erfahren, die ich eingestehen muß. Ich kenne mich nach all diesen Jahren ziemlich gut.“ Aber was Sie in Wirklichkeit sagen, ist: „Was ich bin, ist festgelegt und endgültig, und ich könnte mich dem ebensogut anpassen. So werde ich immer sein.“ Aber das stimmt einfach nicht – es sei denn, dies ist die Ebene, auf der Sie fortfahren wollen, das Leben und sich selbst hinzunehmen. Das ist nicht die Art und Weise, wie Sie wirklich sind, es ist die Art, wie Sie *meinen,* daß Sie sind. Wenn Sie Ihr ganzes Leben lang in der zweiten Klasse bleiben wollen, dann können Sie das tun. Aber Sie werden es schwer haben, denn irgendwann werden Sie größer sein als die anderen Kinder, und Ihr Tisch wird nicht mehr passend für Sie sein.

Am Ende des Tages, am Silvesterabend, beim Examen oder zum Zeitpunkt der Pensionierung mögen Sie innehalten und Rückschau halten, um alles zu betrachten, was Sie getan haben. Akzeptieren Sie das, was Sie sehen, als Tatsachen Ihrer Erfahrung, – aber diese Tatsachen sind nicht abschließend. Noch sind *Sie* nicht „am Ende". In sich haben Sie immer noch ein dynamisches Potential zum Wachstum, und es *muß* herauskommen, ‘geschehen’ können.

Das Leben mag versuchen, Sie mit einem bestimmten Etikett zu versehen und Ihnen seinen Stempel aufzudrükken. Eine Karteikarte oder ein finanzieller Bericht kann zu besagen scheinen: „Das bist du." Es mag Leute geben, die Sie nach akademischen Abschlüssen und Verdienstauszeichnungen und Leistungsbescheinigungen beurteilen möchten. Aber diese sagen nicht mehr darüber aus, was Sie *sind*, als Ihre Klassenstufe in der Schule darüber enthüllt, was Sie sind. Diese Dinge zeigen gewöhnlich an, *wo*, auf welcher Stufe, Sie im Bewußtsein und in Ihrer Entfaltung stehen. Aber Sie sind immer noch nur einen Teil des Weges auf der Strecke dieser großen, ewigen Lebenserfahrung gegangen. Sie kamen nicht, um *im* Tal zu leben, sondern um *durch* das Tal zu gehen, und es gibt Licht an beiden Enden.

Wo immer Sie daher auch sind, welches auch immer die Probleme der Vergangenheit gewesen sind, und egal, was Ihnen heute bevorsteht, – gehen Sie weiter! Im Strom des Lebens kann es keine hoffnungslose Situation, keine unheilbare Krankheit, keine „verlorene Nadel im Heuhaufen" geben.

Bei abschließender Analyse ist es nur das unberührbare

Etwas, das wir Gott nennen, welches in allem und durch alles hindurch unverändert bleibt. Alles andere ist vergänglich, veränderlich, in Wachstum und Fortschritt begriffen. Alles andere kommt und geht, während wir auf dem sich aufwärts schraubenden Weg zur Erkenntnis unseres eigenen Gottpotentials weitergehen.

8. Kapitel

Alt werden oder weiter wachsen

Joseph McDonald, etwas über achtzig Jahre alt, hatte im Geschäftsleben im Laufe der Jahre mit einer großen Anzahl von Menschen zu tun gehabt, aber niemand hatte von ihm je als „Paps“ oder „Onkel Joe“ oder dem „alten McDonald“ gesprochen. Er war einer jener unvergeßlichen Menschen, mit denen man nie die Vorstellung von Alter verbindet. Eines Tages aß er mit einem jungen Geschäftspartner zu Mittag, der sehr beeindruckt von der Lebenskraft, der Wachheit und der augenscheinlichen Jugendlichkeit des Achtzigjährigen war.

Der jüngere Mann wußte, daß der ältere in seinem Beruf jeden Tag ein volles Tagespensum erledigte und viele junge Leute durch seine Leistungen beschämte. Des weiteren war der Jüngere beeindruckt durch die Einstellung seines Freundes und durch seine sorgfältig entworfenen Zukunftspläne.

Schließlich fragte der junge Mann: „Herr McDonald, wenn Sie mir die Frage verzeihen wollen, wie alt sind Sie?“

Der ältere Mann wendete dem Fragesteller amüsiert-fröhliche Augen zu und antwortete mit gemacht vorwurfsvollem Blick: „Mein Sohn, mein Alter ist nicht *meine* Sache.“

Und das ist der Schlüssel zu der Lebenskraft seiner Jugendlichkeit. Während die meisten Menschen Pläne für die Zeit ihrer Pensionierung und für das Alter machen, jeden kommenden Geburtstag fürchten und es tatsächlich zu einer Geschäftsangelegenheit machen, ihr Alter in Denken, Reden und Handeln zu zeigen, war Joseph McDonald zu sehr damit beschäftigt, zu leben und das Leben zu genießen, um Zeit damit zu verschwenden, sich Sorgen über das Alter zu machen. Er hätte André Maurois zugestimmt, daß Altwerden nicht mehr ist als eine schlechte Gewohnheit, die auszubilden ein beschäftigter Mensch keine Zeit hat.

Wir sind in unserer Kultur dazu erzogen worden, uns das Leben als mit der Geburt beginnend und dann unerbittlich abwärts auf den Tod zu verlaufend zu denken. Der Klerus hat immer wieder monoton rezitiert: „Von dem Tage an, da wir geboren werden, beginnen wir zu sterben." Das ist die „große Lüge", die wir aus unserem Bewußtsein tilgen müssen. Leben wird nicht alt. Leben verfällt nicht. Leben stirbt nicht. Leben ist ein ewiger, dynamischer, fließender Prozeß.

Es ist wahr, daß für einen jeden von uns Leben Bewußtsein ist, und wir sind so alt oder so jung, wie wir denken, daß wir es sind. Das bedeutet, daß Alter im Grunde eher eine psychologische als eine physiologische Angelegenheit ist.

„Der Herr hat es gegeben, der Herr hat es genommen", hat der Beerdigungsritus gesagt. Das hat zu rationalistischen Kommentaren geführt wie „Gott hat meinen Angehörigen heimgeholt". Es ist diese Art von Unsinn, die der Religion die Vitalität und die Glaubwürdigkeit genommen hat.

Das Leben ist ein Strömungsprozeß, und jeder Mensch ist ein spezialisierter Kanal für diesen Strom. Der Zweck des Lebens ist es zu leben, nicht zu sterben. Während viele von Verfall und Tod als Gottes Willen reden, stellte Jesus ganz eindeutig fest: *„So ist es nicht der Wille eures Vaters..., daß eins dieser Kleinen verlorengehe"* (Matt. 18:14). Wo ist das „Heim“, in das Gott Ihren Angehörigen geholt hat? Jesus lokalisierte das Himmelreich klar und deutlich als *in dir* – nicht irgendwo weit fort im Himmel. Das Heim ist die „innere Kammer“, in der man ewig im Strom des Lebens ist.

Das Leben ist nicht auf Alter und Verfall ausgerichtet. Tatsächlich ist Leben ein dramatischer Prozeß der Erneuerung und der Regeneration. Forscher auf dem Gebiet der Medizin teilen uns mit, daß es keinen körperlichen Grund dafür gibt, daß wir altern und verfallen müssen, da die Zellen ständig erneuert werden und der Körper nie älter als annähernd ein Jahr ist. So gibt es in Gott kein Gesetz des Verfalls und des Todes. Gott, der lebenspendend ist, kann nicht gleichzeitig den Tod austeilen.

In den Apokryphen, in der Weisheit Salomos, findet sich eine interessante Aussage:

> Strebt nicht nach dem Tod durch euer verkehrtes Leben, und zieht nicht das Verderben herbei durch das Werk eurer Hände. Denn Gott hat den Tod nicht gemacht und hat kein Gefallen am Untergang der Lebenden; sondern er hat alles geschaffen, daß es Bestand haben sollte; und was in der Welt geschaffen ist, das ist gut, und es gibt nichts darin, was Verderben wirkt, und der Tod hat auf der Erde kein Recht. Denn die Gerechtigkeit kennt keinen Tod; aber die Gottlosen zwingen ihn herbei mit Worten und mit Werken. Denn sie halten ihn für ihren Freund und sehnen sich nach ihm; sie schließen mit ihm einen Bund, weil sie es wert sind, ihm anzugehören.
>
> (Weisheit Salomos 1:12-16).

Was sagen wir? Daß der Mensch ewig leben sollte? Niemand kennt tatsächlich die mögliche Lebensspanne des Menschen. Es gibt heute Forscher, die andeuten, daß – zumindest theoretisch – der Mensch ewig leben *kann.* Aber das ist für diese Diskussion nicht relevant. Die Länge der Jahre ist nicht wichtig. Was zählt, ist die Lebensqualität. Tief aus den inneren Gründen unseres Wesens kommt dasjenige, was flüstert, wenn wir nur zuhören könnten: „Ich bin, ich war immer, ich werde immer sein."

Das Wichtige ist, lebendig zu bleiben, solange wir leben. Es ist eine Verpflichtung, weiter zu wachsen, anstatt einfach alt zu werden. Als sie gefragt wurde, wie sie es fertigbrächte, so mit Würde alt zu werden, antwortete eine Ärztin aus dem Mittleren Westen, die sich zur Ruhe gesetzt hatte: „Man wird nicht alt. Wenn man aufhört, zu werden, dann *ist* man alt."

Viele Menschen beginnen zu der Zeit an das Alter zu denken, wenn sie gerade erst die Fähigkeit erlangt haben, voll zu leben. Sie werden vom „Mittelalter-Syndrom" gequält mit seinen Implikationen, daß der Rest des Lebens nur noch abwärts gehe. Das mittlere Alter ist nicht der Anfang vom Ende, sondern das Ende vom Anfang. Anne Morrow Lindbergh sagt, es sollte eine Zeit des Abwerfens von Schalen sein – der Schale des Ehrgeizes, der Schale materieller Ansammlungen und Besitztümer und der Schale des Ego. Es ist eine Zeit, um anzufangen, loszulassen – und weiterzugehen.

Im Gegensatz zu der gewöhnlichen menschlichen Überzeugung fangen wir nicht an, langsamer zu werden, weil wir alt werden. Wir werden alt, weil wir uns selbst verlangsamen. Die Zellen unseres Körpers sind wie Wasser in einem Fluß. Bewegung hilft ihnen, im Strom zu bleiben und sich auf diese Weise selbst zu reinigen. Es gibt buchstäblich Tausende von trübselig dahinschleichenden Leuten, die ihre Stärke und Jugendlichkeit wiedererlangen könnten, ganz zu schweigen davon, daß sie frei von Schmerzen und Beschwerden werden könnten, wenn sie sich nur geistig und körperlich anregen würden und in den Strom des Bewußtseins und „in den Fluß" von Aktivitäten gelangen würden. Die Weisheit der Welt hat uns dazu konditioniert, „unserem Alter entsprechend" zu handeln. Jetzt müssen wir beginnen, unserer Jugend entsprechend zu handeln – unsere Erfahrung im Strom des Lebens umzusetzen.

Eine der deutlichsten Arten, wie wir aus dem Strom des Lebens herausgeraten können, ist, daß wir uns auf subtile Weise zu Sklaven des „Kults der Jugendlichkeit" machen. In Wirklichkeit ist damit eine morbide Besessenheit vom Alter verbunden, die sich in dem verzweifelten Versuch ausdrückt, es zu maskieren. Wenn wir ständig über Mittel und Wege nachdenken und reden, wie wir jugendlich erscheinen können, sind wir nicht mehr im Strom des Lebens. Es ist nichts einzuwenden gegen kosmetische Hilfen zur Unterstützung eines jugendlichen Aussehens, wenn sie dazu benutzt werden, uns etwas zu geben, das unsere Lebensfreude steigert, und nicht etwas, wohinter wir uns verstekken können. Kosmetika können uns keinen erneuerten Geist verschaffen.

Ein bekannter plastischer Chirurg, der Tausenden von Frauen das Gesicht kosmetisch geliftet hatte, brachte kürzlich seine Bedenken gegenüber solchen Operationen zum Ausdruck. Er sagt, es mache ihn traurig, Gesichter zu sehen, aus denen all die Falten um Augen herum, die Schmerzliches gesehen und erlebt haben, entfernt worden seien. Er sagt, das Gesicht werde zu einer „leblosen Maske", aus der die traurigen Augen hervorblicken im Widerspruch zu allem, was die Person in ihren Gesichtszügen abzubilden sucht. Je mehr wir uns um die Maskerade der Jugendlichkeit bemühen, desto mehr kommen wir aus dem Bewußtsein des Stromes heraus, das das Geheimnis der Jugendlichkeit ist.

Die bemerkenswertesten Menschen, die wir um uns herum sehen, sind nicht diejenigen, die ihr Alter am effektivsten verbergen, sondern die, die „zeitlos" in dem Sinne sind, daß wir sie weder für jung noch für alt halten. Wir genießen es einfach, mit ihnen zusammen zu sein, denn sie haben den Charme geistiger Befreiung. Wie traurig ist es, die verzweifelten Bemühungen derjenigen zu sehen, die sich eine Fassade der „Jugendlichkeit" schaffen, hinter der sie in Angst davor kauern, daß die Leute ihr Alter entdecken, als wäre es irgendein geheimes Verbrechen. Wegen des damit zusammenhängenden Stresses sind ihre Anstrengungen in Wirklichkeit kontraproduktiv. So mag jemand z.B. weit jugendlicher und attraktiver aussehen, wenn er sein Haar in seinem natürlichen Grau beläßt und frisiert, als wenn er es tiefschwarz färbt. Das Wichtige ist, was mit dem Geist des Betreffenden geschieht, denn die Anstrengung, jung zu erscheinen, bezeugt eine kindische Unfähigkeit, den weitergehenden Charakter des Lebens zu sehen.

Das Leben ist ein Kontinuum, keine zusammenhanglose Serie von eigenständigen Abschnitten. Das Alter sollte keine Periode wie Kindheit, Heranwachsen oder Erwachsensein darstellen. Idealerweise sollte es eine Zusammenfassung des Ganzen sein, eine aufblühende Erfahrung der Erfüllung. Es sollte die früheren Perioden einschließen und repräsentieren, sie aber nicht auslöschen. Es ist nichts Großartiges an der Jugendlichkeit. Sie ist weder eine zu verehrende noch eine abzulehnende Entwicklungsstufe. Sie sollte vielmehr fest in uns verkörpert sein, zusammen mit all den anderen Entwicklungsstufen, die das volle Spektrum unserer Gesamtpersönlichkeit ausmachen.

Das ist es offensichtlich, was Browning im Sinn hatte, als er sagte: „Werdet mit mir alt! Das Beste wird erst noch Gestalt“ *(„Grow old along with me! The best is yet to be.“).* 16). Er sagt damit: „Wachse weiter. Richte dich nicht einfach häuslich im Trott des Alters ein.“ Das Leben ist ein Strom, keine Sackgasse. Zusätzliche Jahre sind zusätzliche Gelegenheiten, aber Sie haben die Verantwortung und die Verpflichtung, sie kreativ zu gebrauchen. Wenn Sie es zu einer Vollzeitbeschäftigung machen, zu *versuchen,* jugendlich zu erscheinen, dann machen Sie in Wirklichkeit das Alter zu Ihrem Geschäft. Aber das Alter ist nicht Ihre Sache! Ihr wahres Geschäft, das, was Sie wirklich angeht, ist, sich selbst zum Ausdruck zu bringen, die Aufgabe, ein kreativer Kanal für den Strom des Lebens zu werden.

Etwa zu dem Zeitpunkt, zu dem die meisten Leute anfangen zu denken, daß das Leben jetzt nur noch abwärts gehen könne, begann Sir Christopher Wren, der im siebzehnten Jahrhundert die herrliche St. Pauls-Kathedrale in London erbaute, voller Enthusiasmus eine neue Karriere. Nachdem er an der Oxford University als Professor der Astronomie gewirkt hatte, wandte er sich der Architektur zu. In den 41 Jahren nach seinem 48. Geburtstag leitete dieser erstaunliche Mann den Bau von 53 Kirchen und Kathedralen, von denen die meisten immer noch als Monumente seiner Größe stehen. Er war wie jener Mann, der sagte, er hätte drei Dutzend Jahre und nochmal zehn dazu gelebt, hätte es jetzt kapiert und könnte es noch einmal von vorn machen!

Wenn Sie mit dem Leben fließen, ist jedes Jahr eine faszinierende Herausforderung voller Abenteuer und Entdekkungen. Wenn Sie sich den Veränderungen widersetzen, wird jedes Jahr zu einem Mühlstein werden, der Ihre Schultern allmählich niederdrücken und Ihre Schritte hemmen wird. Im Strom des Lebens gibt es einen konstanten Prozeß des Wachstums. Mit vierzig sollten Sie zweimal so gut in der Lage sein, die Segnungen des Lebens zu empfangen und einzusetzen, wie mit zwanzig. Mit sechzig sollten Sie dreimal so gut dazu in der Lage sein. Mit achtzig viermal so gut.

Es ist traurig, daß Menschen dem Alter erlauben, ihnen so furchtbare Dinge anzutun. Im Strom des Lebens ist Zeit kein Hemmnis, sondern eine Gelegenheit, an spiritueller Statur und Schönheit der Person zu gewinnen. Tatsächlich sollte jemand, während er an Jahren älter wird, klüger und fröhlicher und reifer und toleranter und einfühlsamer und weiser werden... und schöner auf eine neue und einzigartige Weise.

Eine Reporterin, die durch Indien reiste, begegnete einer Inderin von offensichtlich fortgeschrittenen Jahren, die in sich dieses gewisse strahlende Etwas hatte, das bewirkte, daß man den Wunsch verspürte, sie voller Bewunderung anzuschauen. Die Reporterin sagte schließlich zu ihr: „Madam, Sie sind absolut schön." Die ältere Frau erwiderte in tiefer Aufrichtigkeit: „Das sollte ich auch sein, meine Liebe, denn ich bin über fünfundsiebzig." Für diese Frau bedeuteten ihre Lebensjahre eine zusätzliche Gelegenheit, wahre Schönheit zu entwickeln, und nicht eine Entschuldigung für Verfall und Entstellung. Das ist eine Einstellung, die jeder Mensch für sich selbst entwickeln kann und entwickeln sollte.

Warum sollten uns nicht die voranschreitenden Jahre, anstatt unsere Kräfte zu vermindern, noch stärker, glücklicher, gesünder und fähiger machen? Warum sollten uns die zusätzlichen Jahre nicht mit neuem Interesse ausstatten und neuen Ehrgeiz in uns wecken in einer Weise, die zu unserer geistigen Reife paßt, so, wie es die Jahre unserer Jugend taten, als wir Teenager waren? Tatsächlich haben wir zu dem Zeitpunkt, wenn die meisten von uns anfangen, die fürchterliche Fehlmeinung über das Leben in sich zu verankern, gerade erst unsere vollständige Ausrüstung für das Leben beisammen. Wir sind gerade erst bereit, den besten Gebrauch von unseren Kräften zu machen. Aber statt zu einem vollen, reichen und sich ausweitenden Leben der Nützlichkeit weiterzugehen, machen wir uns nur allzu häufig methodisch daran, den Strom mit Signalen zu blockieren, die dreist erklären: „Zu alt!"

Geburtstage gehören immer zu den größten Herausforderungen des Lebens. Es stimmt, ein Geburtstag ist ein Zeitpunkt für glückliche Nostalgie und für ein paar Stunden im Mittelpunkt von Aufmerksamkeit und Zuneigung. Aber bei Geburtstagen klingt auch sehr viel Negatives mit an. Sie tragen dazu bei, daß leicht ein starres, verfestigtes Schema entsteht, das das Leben wegen des Nachdrucks auf den Anfangspunkt zu einem fortgesetzten Kreislauf des Zählens von Jahren und der Erwartung des Endes macht. Es ist beinahe, als richteten wir einen Grabstein auf und hätten unseren Namen und unser Geburtsdatum bereits von vornherein darauf eingraviert, wobei nur noch das Todesdatum eingesetzt werden muß, wenn dieser Zeitpunkt schließlich wirklich kommt.

Im Buch Hiob gibt es einen interessanten Gedanken, der auf das Konzept der „Zeitlosigkeit" verweist:

„Wenn du nun dein Herz bereitest und zu Gott deine Hände erhebst..., dann darfst du dein Antlitz erheben ohne Makel, wirst festgegründet sein und dich nicht fürchten... Und heller als der Mittag geht das Leben dir auf, die Finsternis wird wie der Morgen sein. Und du bist voll Zuversicht, weil Hoffnung ist..." (Hiob 11:13-18).

Um die Mittagszeit ist es schwierig, den eigenen Weg nach dem Stand der Sonne zu finden, denn man kann die Richtung ihrer Bewegung nicht bestimmen, nicht feststellen, wo sie aufgegangen ist und wo sie untergehen wird. Daher könnte Leben „heller als der Mittag" ein Leben ohne das Bewußtsein der Länge der Jahre meinen, einfach das Wissen um die Tiefe und die Intensität eines hellen, leuchtenden Enthusiasmus, geistiger Gewitztheit, Frische und Lebenskraft. In diesem Bewußtsein wirst du *„wie der Morgen sein. Und du bist voll Zuversicht, weil Hoffnung ist..."*

So mancher Mensch, der einen Geburtstag feiert, hat sonst wenig zu feiern. Wie einmal jemand gesagt hat: „Viele Menschen brüsten sich damit, an die siebzig oder achtzig zu stoßen, die sonst nicht viel im Leben getroffen haben, außer vielleicht einen Golfball oder den Alkohol." Es ist ein zynischer Spruch, aber eine vielsagende Feststellung. Eine gewisse Anzahl von Jahren zu leben ist nichts, dessen man sich brüsten könnte. Was eine Rolle spielt, ist, wie Sie gelebt haben. Aber noch wichtiger, – was streben Sie jetzt an? Wenn Sie beginnen, das Heute anzustreben, dann ist dies der Geburtstag Ihres Lebens.

Es wird viel Wesens um Geburtstage gemacht, aber eine wahre Geburtserfahrung ist es, wenn Sie tatsächlich etwas zur Welt bringen. In diesem Sinne ist es tatsächlich die

Mutter, die das Kind zur Welt bringt. Das Datum der Geburt sollte ihr Geburtstag sein, nicht der des Kindes. Sie hat ihre Existenz im Geburtsvorgang gerechtfertigt; sie ist an dem größten schöpferischen Akt beteiligt gewesen. Wir sollten am Geburtstag in Wirklichkeit Mutter die Karten und Geschenke schicken. Denn was haben Sie zu diesem Zeitpunkt getan, was so wichtig wäre?

Wenn Sie ein Datum haben müssen, um einen Geburtstag zu markieren, warum sollte es dann nicht irgendein Zeitpunkt sein, zu dem Sie etwas zur Welt gebracht haben – vielleicht die Geburt einer einflußreichen Idee, den Start eines wichtigen Vorhabens oder den Beginn einer neuen Lebensweise, die aufgrund Ihrer eigenen bewußten Verpflichtung darauf zustandegekommen ist. Das ist etwas, worauf man stolz sein kann, etwas, wofür Sie mit Recht von anderen den Segen „Happy Birthday“, den Wunsch eines glücklichen Geburtstages, entgegennehmen können.

Weil wir darauf getrimmt worden sind zu glauben, daß das Leben von außen her erfahren werden müsse, haben wir uns in die Welt aufgemacht, um uns einen Beruf anzueignen, eine Karriere aufzubauen, erfolgreich zu sein und unnachgiebig darauf hinzuarbeiten, die „Spitze“ zu erreichen. Nur wenige von uns setzen sich je viele Ziele im Leben, die über jene hinausgehen, die in Verbindung mit unserer Arbeit oder unserer Familie stehen. Auf diese Weise werden wir die aufeinander folgenden Etappen, die durch die Stufenleiter der Beförderungen, das Rentenalter und das Heranwachsen von Kindern, ihren Schulabschluß, ihre Eheschließung und so weiter bestimmt werden, entlanggeschwemmt. Plötzlich werden wir über eine unsichtbare Grenze in eine Zeit weitergespült, in der wenig anderes übrigbleibt als Erinnerungen und möglicherweise Selbstvorwürfe dafür, nicht mehr von den „guten Dingen“ im Leben erreicht zu haben.

Es ist jedoch durchaus möglich, daß man unterwegs nicht wirklich sein eigenes Leben gelebt oder sich seine eigenen Ziele gesetzt hat. Es waren mit größter Wahrscheinlichkeit gemeinsame Ziele, Familienziele. Aber was ist mit Ihren eigenen geheimen Sehnsüchten? Was möchten Sie wirklich mit Ihrem Leben anfangen? Was ist Ihnen als Person wichtig? Wie würden Sie gerne die nächsten fünf Jahre verbringen? Nicht, wie *wollen* Sie, oder wie denken Sie, daß Sie sollten, sondern: Wie würden Sie gerne? Oder, um es in einem anderen Zusammenhang zu sehen: Wie würden Sie Ihr Leben verbringen, wenn Sie nur noch sechs Monate zu leben hätten?

Mit anderen Worten, Sie müssen Ziele haben, die größer sind als das Leben, um Ihr eigenes inneres Wachstum und Ihre seelische Erweiterung als Ihre eigentlichen langfristigen Ziele anzusehen. Diesen Zielen können Sie dann zunehmend mehr Zeit widmen, bis Sie ihnen im „Rentenalter“ volle Zeit schenken können. Dann brauchen Sie nie das Gefühl zu haben, vom Leben abgelehnt zu werden.

Man kann argumentieren, daß die Industrie unklug und ungerecht in ihrer Rentenpolitik verfährt, daß schöpferische Menschen beiseite geschoben und abgelehnt werden, wenn sie noch Jahre von potentieller Produktivität in sich haben. Und all das stimmt. Aber das Wichtige ist nicht, was der Person widerfährt, sondern was in ihr vorgeht. Wenn jemand im Strom des Lebens ist, wird er in der Arbeit oder in der Rente kreativ leben. Wenn er aus dem Strom heraus ist, wird sein Leben eine Studie in Frustration und Langeweile sein, selbst wenn er eine regelmäßige Beschäftigung hat. Jede Zeit, die er allein mit sich verbringt, wird bloß damit zugebracht werden, daß er über die größeren Verwicklungen seiner Arbeit und seiner Familie nachdenkt, sich von ihnen erholt oder ihnen Widerstand entgegensetzt – wobei der Selbstentdeckung und der Verfolgung einer individuellen Entfaltung keine Zeit gewidmet wird.

Wenn wir in dem Bewußtsein leben, daß das Leben von der Außenseite her geführt werden muß, tendieren unsere Ziele dazu, eher erwerbsmäßig als persönlich bestimmt zu sein. Wenn es daher so scheint, als verschlössen sich uns die Türen bei den Gelegenheiten, von der Welt Ruhm und Ehre zu erlangen, beginnen wir, uns in unsere Schneckenhäuser zurückzuziehen. Und in der „Weisheit der Welt, die bei Gott Torheit ist", fangen wir an, Nachdruck auf Vorsicht und Konservatismus und Sicherheit zu legen. Wir versuchen ängstlich, das Leben in Besitz zu nehmen und festzuhalten, statt uns von ihm leben zu lassen, und je mehr wir festhalten, desto mehr blockieren wir den Strom.

Es gibt Zeiten im eigenen Leben – und vielleicht gehört gerade dieser Moment dazu –, in denen man alles verlassen und weitergehen muß. Weisen Sie die Neigung zurück, sich auf eine endgültige Definition Ihres Selbst festzulegen. „Es ist noch nicht manifest, was du sein solltest." Gehen Sie weiter! Akzeptieren Sie die Idee des Altwerdens nicht – wachsen Sie einfach weiter.

Die Pensionierung ist, wie einmal jemand gesagt hat, der größte Schock, den das System aushalten kann. Aber es gibt weder einen Grund für die Pensionierung noch für den Schock. Die Pensionierung ist ein vergleichsweise modernes Konzept, geboren aus der gesteigerten Effizienz der Automation. Es gibt einen wachsenden Trend zu kürzeren Arbeitswochen und früherer Pensionierung. Das ist gut und schön, wenn wir wissen, wie wir lebendig bleiben können, solange wir leben. Wenn wir im Strom des Lebens bleiben, werden wir jeden Lebenstag so angehen, als sei er wirklich der erste Tag unseres Lebens. Im Alter von 94 Jahren wachte Charles Fillmore eines Morgens auf und sang diese Worte: *„Ich brenne förmlich vor Eifer und Begeisterung, und ich springe mit mächtigem Glauben vorwärts, die Dinge zu tun, die ich tun sollte."* Und dieser Geist spiegelte sich in seinem Leben wider, wo er zu eifrig und zu aufgeregt wegen des Weiterwachsens war, um alt zu werden.

Das Rentenalter stellt man sich allzu oft als ein Sich-Zurückziehen vor, als ein Sich-aus-den-Dingen-herausziehen, ein Die-Dinge-leicht-nehmen. Wir planen die Zeit unserer Pensionierung normalerweise als eine Zeit, in der wir von allem Abstand nehmen und nichts tun können. Eine ausführliche Studie über Hundertjährige brachte die interessante Tatsache zum Vorschein, daß das Aufrechterhalten einer Beschäftigung eines war, was sie alle gemeinsam hatten. Man fand heraus, daß nicht ein Mensch, der in Rente ging, um nichts mehr zu tun, das Alter von hundert Jahren erlebt hatte. Die Studie schloß daraus, daß Pensionierung und aufgezwungene Muße ihre eigenen Ziele vereiteln und daß niemandem das „Gnadenbrot" gegeben werden sollte, sondern daß jeder irgendeine neue Art von herausfordernder Tätigkeit aufnehmen sollte. Vielleicht ist das Wort „Rente" zu einem Stigma geworden. Vielleicht sollten wir Worte wie „Fortschritt", „Verbesserung" oder „Lebensveränderung" benutzen. Aber wie immer wir es nennen, es sollte ein Weiterwachsen sein und nicht bloß ein Sich-Abfinden mit dem Altwerden.

Alter ist unter dem Aspekt, daß die Jahre Ihres Lebens vorübergehen, unvermeidlich; aber es gibt immer eine Wahl. Sie können älter werden oder Sie können weiter wachsen.

Altwerden erfordert keine Anstrengung und wird gewöhnlich von der Einstellung begleitet, daß das Leben einfach geschieht und daß man nichts daran ändern kann. Weiterwachsen jedoch erfordert viel Anstrengung und Disziplin. Man muß an dem Vorgang arbeiten, das ganze Selbst lebendig zu erhalten. Es kann bedeuten, sich genauso sehr damit zu beschäftigen, was man seinem Geist zum Frühstück gibt, wie damit, was man seinem Körper gibt – sich selbst eine gleichmäßige Diät von erhebenden, schöpferischen, stimulierenden, herausfordernden, positiven Ideen zu verordnen.

Wir haben jetzt eine ganze neue Schicht in unserer Gesellschaft, die „Senioren". Aber wir müssen uns noch einmal genauer anschauen, was wir mit dem Begriff meinen und wie seine negativen Implikationen Millionen von Menschen um ihren wahren Platz in unserer Welt betrogen haben.

Im allgemeinen impliziert das Wort *Senior* Leistung, Fortschritt, Ehre. Das ist gut. Aber wie oft neigt der Begriff *Senior* dazu, einen nutzlosen Mitbürger zu bezeichnen, einen, der auf Gnadenbrot gesetzt worden ist. Es gibt jene, die durch politisches Handeln darauf hinwirken, all dies zu ändern. Es mag jedoch sein, daß es eine individuelle Angelegenheit ist. Die Personen in der Gruppe der „Senioren" werden in ihrer eigenen Einstellung und in ihrem Bild von sich selbst mehr Nachdruck auf das Weiterwachsen als auf das Altwerden legen müssen.

Wo immer Sie auf der Skala des Lebens, wie sie nach Jahren bemessen wird, sein mögen, Sie sind lebendig als ein dynamischer Kanal für den Strom des göttlichen schöpferischen Prozesses. Die Gesellschaft mag das Sich-Zurückziehen von einer bestimmten Tätigkeit verlangen, aber niemand kann Ihren Rückzug als integraler Bestandteil des Universums erzwingen. Sie sollten sich nie zurückziehen in dem Sinne, wie der Begriff normalerweise gebraucht wird. Lassen Sie sich nie in eine Position hineinzwängen, in der sie „aus allem raus" sind. Das Gefühl des „Drinbleibens" kann auf viele Arten erreicht werden. Egal, was Sie beruflich gemacht haben, Ihr wahrer Beruf war, ist und wird immer sein, den Strom Gottes, der sich in Ihnen und als Sie manifestiert, freizusetzen. Vielleicht haben Sie keine „gewinnbringende Beschäftigung", aber es gibt viel dadurch zu gewinnen, daß man nützliche und hilfreiche Dinge tut. Sie können sich um Babies kümmern, Gelegenheitsarbeiten erledigen, zu Gemeindetreffen gehen, kranke Freunde besuchen, Blumen züchten und für die Welt beten. Und jemand, der im Geschäftsleben Erfahrung hat, hat jungen Geschäftsleuten viel an Rat und Hinweisen zu bieten, besonders jenen, die minderbegünstigt oder kulturell benachteiligt sind.

Ein beliebter Geistlicher trat von seinem Posten zurück, um in einer neuen Stadt einen neuen Anfang zu machen. Eine seiner treuen Schülerinnen, die wußte, wie gern er einen Kolumnisten las, der in mehreren Lokalzeitungen veröffentlichte, und herausfand, daß diese Kolumne in dem Ort, in den er zog, nicht erschien, beschloß, sie ihm regenmäßig zuzuschicken. In den dreizehn Jahren, die seitdem vergangen sind, hat er noch nie auf eine monatliche Postzustellung von dieser Person warten müssen, wobei jede Kolumne sorgfältig aus der Zeitung ausgeschnitten war – über 3.500 Einzelstücke. Er sagt, er staune oft über die Pflichteifrigkeit dieser Person, die jetzt schon in Jahren fortgeschritten ist, und denke, daß er ihr nicht erlauben solle, dies zu tun. Aber dann weiß er wiederum, daß er damit die schöne disziplinierte Bemühung dieser Frau, weiter zu wachsen, statt alt zu werden, frustrieren würde.

Einige Menschen haben die Tendenz, aufgrund der irrigen Überzeugung, daß Alter notwendig mit dem Aufhören von Aktivität zu tun habe, vor dem „Schaukelstuhlsyndrom" zu kapitulieren. Zeit ist nicht toxisch. Es gibt keinen Grund dafür, daß zusätzliche Jahre ein Gift für den Körper oder den Geist darstellen sollten. Zeit ist Gelegenheit, und wenn Sie mehr freie Zeit haben, haben Sie die goldene Gelegenheit, mit Ihrer Bildung und mit der Art von Wachstumserfahrungen, die bisher so häufig vernachlässigt worden sind, weil „keine Zeit" dafür war, fortzufahren. Sie können lernen zu malen, zu schreiben, zu bauen, Theater zu spielen. Oma Moses war nicht einfach ein Genie, das ans Licht getreten war, sondern vielmehr ein Beispiel dafür, wie verborgene Kreativität in einem Menschen trotz seiner Jahre freigesetzt werden kann, wenn nur die Anstrengung dazu unternommen wird. Fahren Sie fort, sich mit Veränderungen, neuen Erfahrungen, neuen Gesichtern und dem Zauber weniger bekannter Orte herauszufordern.

Eine Sache, die die „Senioren" des Lebens in hohem Maße beschäftigt, ist die Planung von Testamenten und Privatbesitz und der zukünftigen Verfügung über die im Leben angesammelten Güter. Nun liegt zwar im Geben große Bereicherung und Erfüllung, aber nur im Jetzt-Geben. Mehr Menschen müssen ernsthaft das Axiom überdenken: „Gib, während du lebst." Viele Personen führen ein unglückliches, einsames und sinnloses Leben, trotz der Tatsache, daß sie sehr viel gütiges und großzügiges Geben für die Zeit, wenn sie nicht mehr sind, vorbereitet haben. Warum nicht Freude und Erfüllung davon erhalten, daß man diese Schenkungen jetzt vornimmt, so in das Bewußtsein des Stroms des Lebens und der Substanz eintritt und damit seinen Jahren als „Senior“ eine aufregende neue Bedeutung verleiht?

Bleiben Sie im Strom des Lebens, egal was die Jahre sagen mögen. Wenn Sie mit dem Leben fließen, wird jeder Tag eine faszinierende Herausforderung voller Abenteuer und Aufregung sein. Wie der Dichter sagt: Jeder Tag kann entweder ein Grabgesang oder ein Lebensmarsch sein, ganz wie Sie wollen. Marschieren Sie durch bewußte Wahl und Zielsetzung nach der Musik Ihres eigenen Trommlers, jener inneren Stimme, die sagt: Mach weiter – und fahre fort damit, weiterzumachen! Das Leben ist da, um gelebt zu werden! Walter Pitkin sagt, das Leben beginne mit vierzig. Warum nicht mit sechzig? Oder achtzig? In Wirklichkeit beginnt das Leben für Sie jeden Tag. Dieser Tag ist der erste Tag Ihres restlichen Lebens. Es ist Ihre Zeit, um das, was Ihnen eingeboren ist, neu zur Welt zu bringen. Happy Birthday!

Und denken Sie daran: Falls jemand in gewollt witziger Art nach Ihrem Alter fragen sollte, verschwenden Sie Ihre Zeit nicht mit der Zurechtweisung: „Das ist nicht Ihre Sache!“ Überraschen Sie ihn statt dessen und stärken Sie Ihr eigenes Bewußtsein durch die Erklärung: „Mein Alter ist nicht *meine* Sache. Ich bin, wie ich es immer schon war, im Strom des Lebens.“

9. Kapitel

Leben, Tod und Wiedergeburt

Jeder, der so strömt wie das Leben, hat das Rätsel der Existenz gelöst. Dieser hübsche, beschwingte Gedanke Laotses hat den Grundton unserer These *Im Strom des Lebens* angegeben. Wir haben uns mit vielen Anwendungen dieses Konzepts in der menschlichen Erfahrungswelt beschäftigt, und zusammenfassend könnte man sagen, daß die Idee sowohl hoffnungsvoll als auch hilfreich ist. Und doch gibt es eine Phase des Lebens, die wir nicht berührt haben. Was ist mit dem Tod?

Ist das Leben eine Sackgasse? Ist unsere Existenz auf jene Periode zwischen Geburt und Tod beschränkt, in der wir „essen, trinken und fröhlich sein" sollten, da ein grimmiger Schnitter uns alle in unserem Morgen erwartet? Das Konzept des „Stromes" ist ein wirksames Mittel, um mit den Begrenzungen menschlicher Erfahrung umzugehen, aber wird es unwirksam gemacht, wenn es mit der Leere jenseits des Lebens konfrontiert wird? Was ist dann aber das Leben?

Es gibt viele Definitionen des Lebens, aber die meisten von ihnen sind poetische Abstraktionen mit geringer Relevanz für die praktische Lebensführung. Das Wort *Leben* wird auf viele Arten gebraucht, die mit weit auseinanderklaffenden Bedeutungen verbunden sind. Das Leben ist ein lebendiger Organismus; es besteht auch in den noch ungeschriebenen Seiten einer persönlichen Biographie. Das Leben ist

Launenhaftigkeit („Da hast du das Leben!“); oder das Leben ist Existenz, die durch den Tod beendet wird. Der Grund dafür jedoch, daß das Hinübergehen eines geliebten Menschen eine so niederschmetternde Erfahrung ist, ist der, daß unser Referenzrahmen zu klein ist. Wie beim Leben in der flachen Welt der Zeiten vor Kolumbus gibt es „da draußen“ einen Punkt, wo der auf den Meeren des Lebens Reisende einfach in das Vergessen abstürzt.

Wie befreiend ist es, das Leben als einen universellen Strom zu kennen! Der Strom ist in Ihnen und *als* Sie personalisiert. Sie sind ein integraler Bestandteil des Universums, wo jeder Teil in sich all die Elemente des Ganzen enthält. So gibt es dasjenige an Ihnen, das mehr ist als Ihr physischer Körper, und das *Du*, das den Körper transzendiert, ist eine Zeit-Raum-Parenthese in der universellen Dimension der Ewigkeit. Das ist es, was implizit mitschwingt, wenn Sie bejahen: *Ich bin ein spirituelles Wesen, ein ganzes Geschöpf in Gott.*

Das Wichtige ist, daß Sie eine einzigartige Individualisation Gottes sind. Was immer das Leben sonst noch ist, Sie sind in ihm, Sie sind seine Lebendigkeit, Sie sind hier, Sie sind lebendig und leben. Aber woher sind Sie gekommen? Wohin werden Sie gehen, wenn Sie sterben? Warum sind Sie, wie Sie sind? Und warum sind andere Leute, wie sie sind? Warum sind alle Menschen so verschieden und doch im Grunde so ähnlich?

Ehe wir nicht eine Sicht des Lebens haben, die über den Tod hinausgeht oder ihn einschließt, wird es Furcht und Angst im Hinblick auf unser eigenes Leben geben und verwirrende Trauer angesichts des Hinübergehens eines anderen. Es ist eine unglückliche, wenn auch ziemlich vielsagende Tatsache, daß sich viele Menschen von der Religion wegen des „zu frühen“ Todes eines Freundes oder Angehörigen abwenden. Wie eine Frau es ausdrückte: „Ich habe mein ganzes Leben lang an Gott geglaubt, aber mit dem Tod meines Mannes ist mein Glaube zerbrochen. Jetzt stelle ich mir die Frage, ob es überhaupt einen Gott gibt.“ Das beweist die Schwäche des Versuchs, Gott aus einer Problemlage heraus zu begreifen. Wir müssen mit Gott anfangen, mit einem Bewußtsein für den universellen Strom des Lebens, und dann die Schwierigkeit von dieser transzendenten Perspektive aus betrachten.

Das Leben ist ein Ganzes; das Universum ist ein Ganzes. Auch wenn wir diese Ganzheit nur „teilweise“ erfahren mögen, gibt es dasjenige an uns, das unveränderlich und unsterblich ist, das integral und ewig am Universum beteiligt ist. Browning hatte offensichtlich dies im Sinn, als er sagte: *Auf Erden der zerbrochne Bogen, im Himmel das vollkommne Rund.*

Einige Menschen könnten das Gefühl haben, es sei fürchterlich negativ, über den Tod zu sprechen; eine solche Furcht jedoch, dieses Thema zu behandeln, könnte sehr wohl auf eine Gebundenheit daran hindeuten. Es könnte bedeuten, daß unser Glaube nicht die Ganzheit des Lebens, das den Tod transzendiert, beinhaltet. Wenn der Tod kommt, muß er ein Teil dieser Ganzheit sein, kein Abweichen davon. Jesus sagte: *„Ihr werdet die Wahrheit erkennen, und die Wahrheit wird euch frei machen“* (Joh. 8:32). Im Bewußtsein der Allheit des Lebens herrscht Freiheit von dem Gedanken an eine eingeschlossene Existenz und an die Schranken von Geburt und Tod. Wenn wir in unserem Denken die Enden niederreißen, wird das Leben plötzlich zu einer fortgesetzten Erfahrung des universellen Stroms. Und dann verliert der Tod seinen „Stachel“.

Wenn man auf einer Hafenmole sitzt, die sich in den Ozean hinaus erstreckt, ist man vom konstanten Fließen der Meeresströmungen und der Heranbildung der Wellen beeindruckt, die erst langsam anschwellen und dann mit wachsender Größe und Macht hereinrollen. Schließlich krachen die Brecher in einem gewaltigen Schwall von schäumendem Wasser an die Küste. Was ist eine Welle? Ist sie ein Körper aus Wasser? Beobachten Sie ein Stück Treibgut, während die Welle daran vorbeigeht. Wenn das Wasser sich tatsächlich bewegte, würde das Treibgut sich mit ihm bewegen.

Eine Welle ist der sich in Form einer Welle ausdrückende Ozean. Sie hat Form und Gestalt und Bewegung, sie hat Identität und Einzigartigkeit; aber sie ist nicht mehr und nicht weniger als der Ozean. Sie ist nicht einmal auf ein spezielles Segment des Ozeans beschränkt. Sie ist eine Bewegung innerhalb des Ozeans, eine Projektion des Ozeans, die zur selben Zeit weiter und durch den Ozean hindurchläuft. Wenn die Welle krachend an die Küste schlägt, wo ist dann das Meereswasser, das den ersten Schwall bildete? Wieder zurück in den Tiefen, wo es immer war, wie das Treibgut beweist, das dort immer noch träge vor sich hindümpelt.

Ihr Leben, das mit der Geburt anzufangen und mit dem Tode zu enden scheint, ist wie ein Augenblick in der Bewegung der Welle. In diesem Augenblick ist die Welle ein bestimmter Teil des Wassers. In diesem Moment ist das Leben für Sie Ihr Körper. Aber das Leben ist nicht auf Ihren Körper beschränkt. Wenn Ihr Körper in der Erfahrung, die wir Tod nennen, abgelegt werden sollte, ist das nicht Ihr Ende oder das Ende der Lebensregung, die durch Sie und als Sie projiziert wird. Die Welle bewegt sich weiter. So ist es nicht möglich, das Leben zu verstehen, wenn wir nicht bereit sind, das Ding, das Tod genannt wird, genau und unerschrocken anzuschauen und zu durchschauen.

Durch die staunenswerte Einrichtung des Gedächtnisses können Sie über Ihr Leben zurückblicken und sich Teilbereiche aus dem kontinuierlichen Lebensstrom in Erinnerung rufen. Es ist, als hätten Sie einen Kinofilm, der aus unzähligen Einstellungen zusammengesetzt ist, und richteten dann Ihre Aufmerksamkeit auf ein oder zwei individuelle Einstellungen hier und da. Eine jede ist eine Aufzeichnung über etwas, was geschehen ist. Es hat keinen Zweck, es abzustreiten, und tatsächlich genausowenig, es zu verherrlichen. Nicht ein Bild erzählt die Geschichte Ihres Lebens, und es sollte auch nicht repräsentativ für das sein, was Sie sind. Jedes muß im Kontext des Ganzen gesehen werden, denn das Leben ist ein Strom.

Indem Sie das Leben nach Erscheinungen beurteilen, mögen Sie sich auf Zeiten der Tragödie, des Versagens, des Unglücklichseins oder der Ungerechtigkeit konzentrieren und verständlicherweise den Schluß ziehen, daß das Leben hart gewesen sei. Aber wenn Sie „ein gerechtes Gericht richten" und alle Dinge im Kontext des ganzen Stroms sehen, werden Sie freudig erkennen, daß das Leben gut ist. Oft ist die Dunkelheit das Vorspiel zu einem Heraufdämmern des Lichts, und der tragische Verlust eröffnet eine Perspektive von Wachstum und Gewinn, da „alle Dinge zum Guten zusammenwirken".

Shakespeare sagt, daß die Welt wie eine Bühne sei, auf der wir alle Schauspieler sind. In Ihrer Lebenszeit haben Sie viele Rollen gespielt und viele Kostüme getragen. Unglücklicherweise haben Sie sich vielleicht mit einer bestimmten Rolle identifiziert. Ein Schauspieler bezeichnet das als „auf eine Rolle festgelegt werden". Ein Beispiel ist die Erfahrung von Boris Karloff, dem großen dramatischen Schauspieler, dessen Karriere vereitelt wurde, weil niemand ihn sich nachher jemals als irgend etwas anderes vorstellen konnte als als Frankensteins Monster. Sie mögen sich aufgrund irgendeiner Erfahrung „da hinten" in Ihrem früheren Leben auf die Rolle eines Versagers oder eines unfähigen Menschen festgelegt haben.

Es gibt jedoch einen Strom des Lebens. Sie sind heute nicht derselbe Mensch, den man in den isolierten Einstellungen früherer Jahre sehen konnte, die aus dem Gesamtzusammenhang Ihres Lebensfilmes herausgeschnitten wurden. Nehmen Sie eine Sequenz von vor dreißig Jahren, in der Sie unbeholfen und schüchtern erscheinen mögen. Das sind nicht wirklich Sie, nicht im geringsten. Es ist einfach eine Markierung, die Sie im Vorbeigehen zurückließen. Warum es einen Abschluß sein lassen? Und doch, ist das nicht genau das, was Sie tun, wenn Sie sagen: „Ach, ich könnte ebensogut meine Grenzen akzeptieren. So bin ich eben." Ist das wirklich die Art und Weise, wie Sie sind? Oder ist es die Frustration dessen, was Sie sind? Diese Erfahrungen waren Teil eines Stromes. Sie sind nicht derselbe Mensch, der Sie als Kind, als Heranwachsender oder als jung Verheirateter waren. Sie sind bereits an Körper, Bewußtsein und Geist sehr verschieden von der Person, die Sie vor einem Jahr, einem Monat oder auch nur vor ein paar Stunden waren, als Sie anfingen, dieses Buch zu lesen.

Können wir voraussetzen, daß dieser Prozeß des Lebensstromes auf die kurze Spanne zwischen Geburt und Tod beschränkt ist? Sollen wir glauben, daß bei der Geburt ein brandneues Produkt aus irgendeiner himmlischen Seelenfabrik hervorgeht, das für ein paar Jahre seine kleine Rolle spielt und dann von der Kehrschaufel des Vergessens beiseitegefegt wird? Das Leben würde in diesem Zusammenhang sehr wenig Sinn haben. Und aufgrund der Ungleichheiten in der individuellen Erfahrung wäre das Leben sehr willkürlich und ungerecht. Aus diesem Grunde ist die Religion stets ein Auswuchs des Versuches des Menschen gewesen, über den Tod hinauszusehen. Das Wort *Vorsehung* an sich, das häufig als Name für Gott benutzt worden ist, bedeutet buchstäblich „Nach-vorne-sehen". Irgendwie hat der Mensch schon immer innerlich gespürt, daß das Leben ewig ist und daß der Tod nicht das Endgültige ist, das er zu sein scheint.

Schopenhauer sagt, die westliche Welt werde von der unglaublichen Täuschung verfolgt, daß der Mensch aus nichts geschaffen worden sei und daß seine gegenwärtige Geburt sein erster Eintritt in das Leben sei. Er deutet die Idee der Reinkarnation an. Die Täuschung, auf die er sich bezieht, ist aus der Fehlinformation über das Christentum entstanden. Die Urchristen folgten dreihundert Jahre lang dem Glauben an eine Wiedergeburt durch Reinkarnation. Die Doktrin wurde irgendwann aus offensichtlichen Gründen von den Kirchenvätern zum Anathema erklärt. Denn wenn ein Individuum im Strom des Lebens seine eigene ewige Verbindung hat, was ist dann mit der Vermittlerrolle der Kirche und ihrer Priesterschaft?

Victor Hugo schrieb:

> Seit einem halben Jahrhundert habe ich meine Gedanken in Prosa, Versen, Geschichte und Philosophie niedergeschrieben. ... Aber ich habe das Gefühl, ich habe nicht den tausendsten Teil dessen gesagt, was in mir ist. Wenn ich ins Grab

> sinke, kann ich sagen...: „Ich habe meine Tagesarbeit getan“, aber ich kann nicht sagen: „Ich habe mein Leben beendet.“ Meine Tagesarbeit wird am nächsten Morgen wieder anfangen. Das Grab ist keine Sackgasse; es ist eine Durchfahrt. Es schließt sich mit der Abenddämmerung, es öffnet sich mit der Morgendämmerung. 17)

In der fließenden Erfahrung des Lebens ist Veränderung die konstante Realität. In jeder Veränderung sehen wir Beweise für den Vorgang des Todes und der Wiedergeburt. Paulus sagte: *„Ich sterbe täglich!“* (I. Kor. 15:31). Und selbstverständlich! Jeden Tag geht die Sonne unter, um den Abschluß eines Tages zu kennzeichnen. Wir gehen zu Bett und geben uns erholsamem Schlaf hin. Der Tag und alle seine Sorgen sind vorbei. Aber der Tag öffnet sich der Nacht, die sich wiederum dem Tag öffnet. Bei Tagesanbruch gibt es die Wiederkehr des Lichts, und wir stürzen uns in die Hoffnung und das Versprechen eines neuen Tages.

Wenn eine Person aus einem Zimmer in ein anderes geht, könnte man von ihr entweder sagen: „Er verläßt einen Raum“ *oder* „Sie betritt einen Raum“. Beides trifft zu. Wir können es ganz so betonen, wie wir wollen. In demselben Sinne könnte eine Studentin, wenn sie die Universität verläßt, sagen: „Mein Leben ist vorbei“ *oder* „Ich fange ein neues Leben an.“ Die Betonung, die sie der Sache gibt, wird eine Menge mit ihrem Denken und letztendlich mit ihrer gesamten Lebenserfahrung zu tun haben. Dasselbe trifft während der Veränderungen zu, die durch eine Heirat, durch Krankheit, eine neue Arbeit oder selbst durch Arbeitslosigkeit bewirkt werden. Es findet ein Tod dessen statt, was war, und die Geburt desjenigen, was jetzt ist.

Man könnte sagen, der Tod sei die andere Seite des Lebens und das Leben sei die andere Seite des Todes. Im Strom des ewigen Lebens geht der Film weiter, vielleicht mit einer neuen Filmspule, einer neuen Szene oder einem neuen Kapitel. Könnte es sein, daß ein transzendentes Selbst durch die Augen eines Kindes blickt und mit der unbewußten Weisheit eines früheren Lebens sieht... und daß der Angehörige, der aus unserem Blickfeld entschwindet und sich unserem Händedruck entzieht, vielleicht auf dem Weg zu einer unvermeidlichen neuen Geburt ist?

Einigen Personen mag das als eine bizarre Vorstellung erscheinen, und wir wollen hier keine gründliche Untersuchung dieses Gebietes vorschlagen. Charles Fillmore warnt, daß das Studium der Reinkarnation nichts einbringe: Nicht, was man gewesen ist, sondern was man jetzt ist, ist der springende Punkt. Aber er glaubte vollkommen daran. Es ist eine hilfreiche und hoffnungsvolle Sache, wenn man weiß, daß der Strom des Lebens jenseits des „Todesschattens" weitergeht.

In seinem unsterblichen Buch „Der Prophet" sagt Kahlil Gibran:

> Sollte meine Stimme in euren Ohren verhallen und meine Liebe aus eurem Gedächtnis schwinden..., ich werde mit der Flut zurückkommen..., und mag mich auch der Tod verbergen..., vergeßt nicht, daß ich zurückkommen werde.... Eine kleine Weile, ein Augenblick der Ruhe auf dem Wind, und eine andere Frau wird mich tragen. 18)

Das Wichtige ist zu wissen, daß Sie ein ewiger Ausdruck des universellen Stromes sind und daß Sie keinen Anfang und kein Ende haben. So, in dem Wissen, daß Sie ewig leben werden, können Sie Ihre schlimmen Vorahnungen und Befürchtungen über den Tod loslassen und mit dem Geschäft fortfahren, Ihr Leben Tag für Tag zu leben.

Jesus sagte: *„Ihr nun sollt vollkommen sein, wie euer himmlischer Vater vollkommen ist"* (Matt. 5:48). Das ist ein klares Gebot, das uns das Endziel im Leben setzt. Aber wie können wir Vollkommenheit in einer Zeitspanne von 75 oder selbst 100 Jahren erreichen – besonders, wenn wir alle auf verschiedenen Ebenen anfangen? Was ist mit demjenigen, der blind oder verkrüppelt oder geistig behindert geboren wurde? Ist auch er verantwortlich für das Maß, in dem er in einer Lebensspanne die Entfaltung seines vollkommenen Selbst erreicht? Es ist ungerecht... und undenkbar.

Es scheint offensichtlich, daß das Gebot Jesu auf das Endziel verweist, auf das wir alle hinarbeiten müssen. Aber wie viele erreichen das Ziel während ihrer Lebenszeit? Wie viele vollkommene Menschen kennen Sie? Ist es nicht realistischer, anzunehmen, daß Jesus damit sagen wollte, daß das Ziel durch Geburten und Wiedergeburten hindurch konstant bleibt und daß uns die ganze Ewigkeit gegeben ist, um es zu erreichen? Es ist eine bestürzende Vorstellung und doch eine in hohem Maße glaubwürdige, wenn wir uns nur von unseren Vorurteilen lösen können. Es ist eine Sichtweise, die einem Empfinden für die Gerechtigkeit des Lebens, die Ordnung und Kontinuität des Universums den Weg öffnet. Es ist eine Einstellung, die uns aus der Kleinheit kleinlicher Themen und selbstsüchtiger Angelegenheiten heraushebt.

Und es ist eine Sichtweise, die von einer sehr großen Anzahl von religiösen Menschen, Philosophen, Wissenschaftlern und Dichtern in allen Zeitaltern eingenommen wurde. Dazu gehören Plato, der Heilige Augustinus, Plotin, Shakespeare, George Bernard Shaw, Goethe, Wagner, Schweitzer, Jung, Spinoza, Robert Frost, Gandhi, Edison und Emerson, – um nur einige zu nennen.

Im Kern dieses Konzepts der Wiedergeburt ist die Idealvorstellung, daß es dasjenige an Ihnen gibt, das mehr ist als Ihr Körper, und daß das Du, das den Körper transzendiert, Ihre ewige, auf immer lebende Seele, den Körpertempel gewirkt hat und sein tragender Einfluß ist. Aber wenn der Körper zu weiterem Dienst ungeeignet wird und in dem Prozeß, den wir Tod nennen, abgelegt wird, ist das keinesfalls Ihr Ende. Das *Du,* das mehr ist als Ihr Körper, geht weiter, um „gemäß Gottes Zweck neu eingekleidet zu werden."

Es mag die Frage bleiben: „Aber wohin gehen wir von hier aus?" Wir müssen uns daran erinnern, daß das, was wir „hier" nennen, nur der objektivierte Zustand dessen ist, was wir sind. Das „Hier" ist die Menge des „Inneren", die wir zur Entfaltung gebracht haben, und der „Zustand", in dem wir es hervorgebracht haben. Wir gehen von hier aus nicht wirklich irgendwohin. Und doch gibt es im Hause des Vaters viele Bewußtseinsebenen. Die „Wohin"-Frage gehört zu der dreidimensionalen Zeit-Raum-Erfahrung. Es ist dies die horizontale Erfahrung des Lebens. Jenseits des Punktes, den wir „Tod" nennen, gibt es jedoch keine horizontale Bewegung, denn das Vehikel für die Fortbewegung ist abgelegt. Jetzt ist die Strömung vertikal, im formlosen, zeitlosen und raumlosen Bereich.

Das ist der Grund, aus dem alle Versuche, die Erfahrung des Todes oder sogar des Lebens nach dem Tode zu beschreiben, sinnlos sind. Denn Beschreibungen sind unterschiedslos der horizontalen Erfahrungswelt verhaftet. Wohin gehen wir? Das Wichtige ist, *daß* wir im Strom des Lebens weitergehen. Der Mensch ist ein multidimensionales Geschöpf. In der horizontalen Bewegung sind wir uns nur dreier Dimensionen bewußt. Wir existieren möglicherweise in vielen weiteren. In seinem Schauspiel „Lazarus lachte" bringt Eugene O'Neill das Problem eines Menschen zur Sprache, der von der „anderen Seite" zurückgekehrt ist. Dieses Problem besteht darin, eine vierte oder fünfte Dimension in verständlichen dreidimensionalen Begriffen zu beschreiben. Lazarus ist sprachlos, daher „lacht" er einfach über das Paradox der menschlichen Sorge und Anstrengung, die doch nur zu einem frustrierten Leben führen, wo doch so vieles mehr „im Strom" ist.

Es ist ganz klar, daß dies alles nicht leicht zu erkennen ist, wenn Sie vor dem Sarg stehen, der die körperliche Gestalt von jemandem enthält, den Sie geliebt haben. Aber wenn Sie das beunruhigt, dann deshalb, weil Ihre Auffassung vom Leben nicht umfassend genug ist, um ein Leben, das Geburt und Tod transzendiert, einzuschließen. Sie sind verstört, weil Sie aus dem Bewußtsein des Stromes heraus sind. Erheben Sie Ihre Augen und gewinnen Sie den Blick für eine größere Sphäre. Erkennen Sie die Wahrheit des grenzenlosen Lebensstromes. Gott ist Leben, in dem es keinen Anfang und kein Ende geben kann. Es kann keinen Tod in Gott geben, und so kann es keinen Tod, im Sinne eines Abschlusses von Leben, für Ihren Angehörigen geben.

Sir Edwin Arnolds Übersetzung von Versen aus der Bhagavad-Gita deutet die Sichtweise östlicher Religionen an:

> Nie wurde der Geist geboren; zu sein, wird der
> Geist nie aufhören;

Nie ward Zeit, da er nicht war; Ende und
Anfang sind Träume!
Geburtlos und todlos und ohne Veränderung
bleibt der Geist auf immer;
Der Tod hat ihn überhaupt nicht berührt,
erscheint sein Haus auch tot! 19)

Eine der schönsten Verbildlichungen des Lebensstromes ist jeden Tag im Auf- und Untergehen der Sonne zu sehen. Erinnern Sie sich, wenn Sie möchten, an einen Zeitpunkt, zu dem Sie am Ende eines Tages innehielten, um einen atemberaubenden Sonnenuntergang zu betrachten, bei dem sich flammende Rottöne über den ganzen Himmel ausbreiteten. Es ist interessant, über den ganzen Zusammenhang dessen nachzudenken, wovon der Sonnenuntergang nur ein Teil ist. Stellen Sie sich vor: Während Sie westwärts schauen, hingerissen vom Anblick dieses Sonnenuntergangs, schaut ein Kleinbauer im fernen Thailand aus seiner schilfgedeckten Hütte hervor, um im Sonnenaufgang die Hoffnung und das Versprechen eines neuen Tages zu betrachten. Im selben Augenblick sehen Sie nach Westen und sehen einen Sonnenuntergang, und er sieht nach Osten und sieht einen Sonnenaufgang. Und Sie stehen beide auf derselben Erde und sehen dieselbe Sonne an.

Natürlich geht die Sonne in Wirklichkeit überhaupt nicht auf oder unter; sie scheint es nur von dort aus zu tun, von wo Sie sie betrachten. Aber es ist eine interessante Widerspiegelung des Lebens – wo Erfahrungen in Wirklichkeit keine eigene Identität haben. Sie werden für Sie das, was Sie in ihnen sehen. Keine Erfahrung kommt je fertig verpackt und als „gut“ oder „schlecht“, „glücklich“ oder „tragisch“ ausgezeichnet daher. Etwas ist gut oder schlecht, weil das die Art und Weise ist, wie Sie es sehen, und daher ist es dies, was es wird, soweit Sie betroffen sind.

In den esoterischen Lehren des Altertums haben die Begriffe *Osten* und *Westen* eine interessante Bedeutung. *Nach Westen schauen* bezieht sich darauf, die Erscheinungen zu sehen, sich mit dem Leben an der Peripherie zu befassen. *Nach Osten schauen* bedeutet *nach innen schauen,* auf Gott schauen, sich mit dem Leben in seiner Tiefe befassen. Bei jeder Erfahrung haben wir die Wahl: ob wir westwärts oder ostwärts schauen wollen. Nach Westen sehen führt zu ängstlicher Angespanntheit, Streß und Kummer. Nach Osten sehen führt zu Glauben und Einsicht und dem Bewußtsein des Stroms.

Wenn ein geliebter Mensch hinübergegangen ist, gibt es einen offensichtlichen Sonnenuntergang, während das Licht und die Liebe Ihres Freundes hinter dem Horizont menschlicher Kommunikation versinken. Wenn Dunkelheit den Himmel erfüllt, mögen Sie von Gefühlen der Einsamkeit und der Verzweiflung bewegt werden. Aber die Dunkelheit ist in Ihrem Bewußtsein. Es kann keine Dunkelheit in Gott oder in einem Ausdruck Gottes geben. Dieser geliebte Mensch ist gekommen und hinübergegangen, aber er geht nicht von Licht in Finsternis über. Es ist vielmehr ein Hindurchgehen „durch das Tal des Todesschattens" in das Licht einer neuen Geburt. Und der Tod ist das „kurze Vorbeitreiben einer Wolke über die Straße, auf der er oder sie reist, durch das der von uns geliebte Mensch hindurchgeht, von Sonnenlicht zu Sonnenlicht." Der Mensch, den wir lieben, ist im Strom des Lebens.

Wenn Sie die Düsternis des Kummers spüren, ist das ein Zeichen dafür, daß Sie aus dem Strom heraus sind und daß die Dunkelheit einzig und allein in Ihnen ist. Wenden Sie sich da, wo Sie sind, um und schauen Sie gen Osten, was bedeutet, auf Gott zu schauen, in den Strom einzutreten. Wenn Sie von einem furchtbaren Gefühl des Verlustes zerrissen sind, dann deswegen, weil Sie sich zu sehr von Liebe und Unterstützung von außen durch diese Person abhängig gemacht haben und so unbewußt aus dem Strom herausgeraten sind. Seien Sie daher jetzt „stille und wissen... Sie sind im Strom." Geben Sie sie frei und lassen Sie sie gehen in der Bewegung ihrer ewigen Erfahrung, auf eine neue Geburt zu. Lassen Sie los und gehen Sie weiter! Im Strom des Lebens können Sie weitergehen, um neue Liebe und neue Gelegenheiten zu kreativer Anteilnahme zu finden.

Der Tod ist keine Sackgasse, weder für den, der hinübergeht, noch für den, der zurückbleibt. Wir sollten keine traurigen Abschiede zulassen. Wieviel besser ist es, dem, der geht, ein „Guten Morgen – und glückliche und gesegnete Reise!" mit auf den Weg zu geben! Es besteht keine Notwendigkeit, sich in Trauer zu vergraben. Es gibt jene, die behaupten, Trauer sei ein Zeichen von Respekt, beinahe wie eine Pflicht, die man erfüllen sollte. Das ist Unsinn! Selbstverständlich ist es natürlich, Gefühle der Traurigkeit zu haben, aber die Traurigkeit sollte von der Freude des Wissens gemildert werden, daß der geliebte Mensch im Strom des Lebens ist und daß er oder sie weitergeht, um seinem bzw. ihrem Guten zu begegnen. Jede Verlängerung der Trauer, jeder Versuch, an jemandem festzuhalten, der hinübergegangen ist, ist eine Mischung von Schuldgefühl und Zorn, und es bedeutet, daß man selbst völlig aus dem Strom des Lebens herausgeraten ist. Wenden Sie sich ab von dem Sonnenuntergang, blicken Sie nach Osten, dem Sonnenaufgang eines neuen Tages entgegen, und gehen Sie weiter!

Es gibt heute ein großes Interesse an der sogenannten „Geisterwelt“, in die Verstorbene gehen, und an Versuchen, durch psychische Medien mit Angehörigen Kontakt aufzunehmen. Es gibt viele Mutmaßungen über das Reich der hinübergegangenen Toten und die Stadien, die zwischen dem Tod und der Wiedergeburt und zwischen dieser Welt und anderen ablaufen. Natürlich gibt es auf unserer Suche nach der Wahrheit viel zu lernen. Aber es kann sein, daß wir nur einen Schritt zur Zeit tun und uns nur eine Welt auf einmal vornehmen sollten, daß wir auf Selbsterkenntnis und Selbstdisziplin beim Umgang mit diesem Erfahrungsbezirk hinarbeiten sollten, bevor wir uns daran machen, Schatten in einer nebulösen „anderen Welt“ zu verfolgen.

Es wird oft die Frage gestellt: „Ist es möglich, mit dem Geist von einem, der gestorben ist, in Verbindung zu treten?“ Die Möglichkeit einer Kommunikation über den Geist ist kaum fraglich, obwohl es viel Quacksalbertum und ausgemachte Betrügerei auf diesem Feld gibt. Aber es stellt sich ernsthaft die Frage, ob eine solche Praxis zu empfehlen ist, sei es auch durch ein echtes Medium. Verstorbene sind „hinübergegangen“. Das Leben geht nicht rückwärts, sondern vorwärts. Es sollte ihnen gestattet werden, zu ihrer nächsten Erfahrung weiterzugehen. Jede Art von Festhalten in einem Versuch, mit ihnen in Verbindung zu treten, kann nur dazu dienen, sie auf ihrer Reise aufzuhalten. Und das psychische Dilettieren kann Sie mit Sicherheit auf Dauer entnerven und verwirren und Sie von Ihrem eigenen Bedürfnis abhalten, zu der nächsten Stufe in Ihrem eigenen Wachstum weiterzugehen.

Damit soll nicht die Bedeutung wertvoller Forschung über den Vorgang des Todes und die Möglichkeit einer neuen Geburt durch Reinkarnation zurückgewiesen werden. Es ist ein wichtiges Feld für Studien. Wenn Sie bei Ihren Studien objektiv sein können, gibt es viele Informationen zusammenzutragen, wenn das auch bedeuten mag, eine überwältigende Masse von Fehlinformationen durchstöbern zu müssen. Aber wenn Sie durch Ihre eigene Furcht vor dem Tode oder durch einen von Kummer motivierten Wunsch, mit einem Angehörigen in Verbindung zu treten, subjektiv beteiligt sind, gibt es bei einer solchen Suche wenig Konstruktives zu gewinnen und Ihr gesamtes Lebensgleichgewicht zu verlieren. Sie würden vielleicht gut daran tun, dem Friedhof fernzubleiben und Ihre Zeit und Aufmerksamkeit dem Strom des Lebens im vollen Sonnenschein der Erfahrung auf dieser Ebene zu schenken.

Wie steht es mit Beerdigungen? Der wichtigste Rat ist dieser: Arbeiten Sie eine Philosophie aus, die zu entschiedenem Handeln führen kann. Zu häufig warten die Leute, bis die Krise kommt, und dann wenden sie sich hilflos an einen Beerdigungsunternehmer, der dann die ganze Erfahrung in einen traditionellen, bedrückenden und äußerst teuren Vorgang umwandelt. Amerikanische Beerdigungsbräuche sind der heidnischste Aspekt unserer Gesellschaft, so, wie sie auf antiken Praktiken der Totenverehrung basieren. Aber geben Sie nicht dem Leichenbestatter die Schuld. Dieser Gewerbezweig ist aufgrund der menschlichen Neigung zur Blüte gelangt, die eigene innere Beteiligung an der Trauer, die mit Verwirrung und Schuldgefühlen verbunden ist, zu überspielen.

Fragen Sie den Bestatter nicht, was Sie für Ihren verstorbenen Angehörigen tun sollten. Wie kann er objektiv sein? Der Wert des Sarges oder der Begräbnisstätte oder des Blumenschmucks haben absolut nichts mit Ihrer Achtung oder Ihrer Verpflichtung zu tun. Es gibt einiges, was das Gesetz verlangt, und es gibt gewisse Dinge, auf denen vielleicht andere Familienmitglieder bestehen. Die wichtige Regel: Halten Sie es einfach und würdig. Einäscherung wird in wachsendem Maße populär, wenn man so sagen darf. Es mag die beste Art sein, sich des fleischlichen Gewandes zu entledigen, das abgelegt worden ist. Sie kann (und sollte) ohne großen Pomp oder Morbidität durchgeführt werden.

Das Ideale ist es, eine Art von „Gedächtnisgottesdienst" abzuhalten, bei dem sich die Freunde zu einer Zeit des Gebets und der Andacht zusammenfinden können. Es ist nicht ratsam, den Sarg da zu haben, und ganz gewiß sollte er, wenn er da ist, nie offengelassen werden. Es ist möglich, den Verstorbenen kosmetisch „durchaus lebensecht" aussehen zu lassen, aber warum? Es sorgt nur für einen weiteren Augenblick der Traurigkeit und den Drang, festzuhalten. Der Gedächtnisgottesdienst kann im Trauerhaus abgehalten werden, aber muß es nicht. Wenn einmal die Entscheidung getroffen ist, den Sarg nicht da zu haben, kann ein einfacher Gottesdienst überall abgehalten werden.

Hier ist ein gutes Beispiel für einen Begräbnisgottesdienst, der eine Quelle der Inspiration und des Lichts statt der Traurigkeit und Düsternis war. Der Verstorbene hatte einen hübschen Garten angelegt, in dem er viele Stunden mit der Pflege unglaublich schöner Blumen und Sträucher verbracht hatte. So wurde der Gottesdienst direkt in seinem Garten abgehalten – eine kurze Zeit des Gebets und der Erinnerung durch die Früchte seiner eigenhändigen Arbeit. Es gab keine Grabrede und keine traurige Predigt, bloß ein paar Worte, um den Menschen zu helfen, die Bedeutung des Lebensstromes zu verstehen, der über den Tod hinausgeht, und einen gemeinsamen Gebetssegen für den geliebten Menschen auf seiner fortgesetzten Reise. Dann gingen die Freunde ins Haus und hatten ein üppiges Buffet und eine fröhliche Zeit des Miteinanders; auf diese Weise zeigten sie ihre Achtung für den Verstorbenen nicht durch Traurigkeit, sondern durch die Art von sozialer Anteilnahme, die er liebte.

Aber warten Sie nicht, bis ein Trauerfall eintritt, um nach Antworten zu suchen. Eignen Sie sich eine gut abgerundete Sichtweise und Einsicht in das Leben an, die den Tod tatsächlich einschließt. Denken Sie viel über die Idee des Lebensstromes nach, der nicht zwischen Geburt und Tod eingeschlossen sein kann. Reißen Sie die Schranken durch die Erkenntnis nieder, daß auf der anderen Seite der Geburt ein Lebensstrom ist, der „gekommen ist, um vorbeizugehen", und daß auf der anderen Seite des Todes ein Lebensstrom ist, der zu neuer Geburt führt. Gewinnen Sie das Gefühl, strahlend lebendig in einer fortwährenden und ewigen Erfahrung im Strom zu sein.

Dann können Sie anfangen, wirklich jeweils einen Tag zur Zeit zu leben. Sie können jeden Tag so leben, als wäre es der einzige Tag der ganzen Ewigkeit. Das Gestern existiert nicht länger, und das Morgen und die Tage der Zukunft werden sich einfach aus dem beständigen Strom der Erfahrung heraus entfalten, die jetzt in ihrer Entwicklung begriffen ist.

Und in dem Strom können Sie sich mit dem Geschäft des Wachsens und Sich-Entfaltens befassen, indem Sie eine kontinuierliche Erfahrung von Ereignissen in diesem Leben und einen kontinuierlichen Zirkel von Wiederverkörperungen durch alle Zeiten hindurch durchlaufen, sich von Einstellung zu Einstellung bewegend in dem fließenden Film Ihrer ewigen Existenz.

Literaturverzeichnis

1) Heraklit, wie überliefert von Diogenes Laertius, zitiert in: John Bartlett, *Bartlett's Familiar Quotations,* Little, Brown & Co., Boston, 15. Auflage, 1980, S. 69.

2) Ralph Waldo Emerson, „Worship", in: *The Complete Writings of Ralph Waldo Emerson*, William H. Wise & Co., New York 1929, S. 584 f.

3) Ebd.

4) Eric Butterworth, *Unity of All Life*, Harper & Row, New York 1969, S. 100.

5) Robert Browning, *„Paracelsus"*, Teil I, in: *The Poems of Browning,* Houghton, Mifflin and Co., o. J. S. 18.

6) Ella Wheeler Wilcox, *„Resolve"*, in: *Collected Poems of Ella Wheeler Wilcox*, London, Leopold B. Hall, o. J., S. 102.

7) Richard Rumbold, zitiert in: John Bartlett, *Barlett's Familiar Quotations,* S. 298.

8) William Shakespeare, *Julius Caesar,* Akt I, Szene 2, nach der Übersetzung von Schlegel/Tieck.

9) Robert Frost, *„The Road Not Taken"*, in: *Complete Poems of Robert Frost,* Holt, Rinehart and Winston, New York 1961, S. 131.

10) Emerson, S. 167.

11) Arthur M. Abell, *Talks With Great Composers*, G. E. Schroeder, Garmisch-Partenkirchen 1964, S. 21.

12) Emerson, S. 207.

13) Elizabeth Barrett Browning, *„Aurora Leigh"*, in: *The Poems of Elizabeth Browning,* Houghton, Miflin and Co., Boston, o. J., S. 372.

14) Kahlil Gibran, *The Prophet*, Alfred Knopf, New York 1959, S. 19 f.

15) William Shakespeare, *Macbeth,* I. Akt, Szene 3.

16) Robert Browning, *„Rabbi Ben Ezra"*, in: *The Poems of Browning,* S. 383.

17) Victor Hugo, in: *Reincarnation in World Thought*, Julian Press, New York 1967, S. 292.

18) Gibran, *The Prophet,* S. 83, 94 f.

19) *The Bhagavad-Gita or Song Celestial,* in: James Dalton Morrison (Hg.), *Masterpieces of Religious Verse,* Harper & Brothers Publishers, New York 1948, S. 603.

Anmerkungen des Übersetzers

Zu den Bibelzitaten

Die deutsche Übertragung legt bei den Bibelzitaten den Wortlaut der Zürcher Bibel (20. Aufl. 1991) und der Luther-Bibel zugrunde. Abweichungen von dieser Zitierweise, die der englische Text in Einzelfällen erforderlich macht, sind in den Fußnoten gekennzeichnet.

1 Übersetzung nach dem Text der englischsprachigen Phillips-Bibel.

2 Übersetzt nach der Zitierweise der „American Version" der Bibel (künftig „A.V.")

3 Hier liegt ein unübersetzbares Wortspiel mit den Begriffen *currency* (Währung) und *current* (Strömung, Fluß) vor.

4 Genau so jedoch die Übersetzung der Luther-Bibel: *„Mein Gott aber wird ausfüllen all euren Mangel nach seinem Reichtum in der Herrlichkeit in Christus Jesus."*

5 A.V.

6 A.V.

7 Die Geschichte von Polyanna ist eine in Amerika sehr beliebte Kindererzählung. Sie handelt von einem kleinen Waisenmädchen, das in jeder Lage stets fröhlich und unbekümmert bleibt.

8 Wortspiel mit *responsibility* (Verantwortung) und *response* (Antwort), *ability* (Befähigung, Fähigkeit).

9 Die Stelle wurde nach der englischen Standard-Version der Bi-

bel übersetzt, da die bekanntesten deutschsprachigen Bibelausgaben nicht die Lesart „durch das Tal“, sondern „im Tal“ haben.

10 Die englische Redewendung „It came to pass“ bedeutet soviel wie „Es geschah, es ereignete sich“. Hier wird sie jedoch wörtlich genommen und im Sinne von „Es kam, um vorbeizugehen“ aufgefaßt.

11 Der englische Bibeltext lautet „God requireth that which is past“ (Gott verlangt das Vergangene bzw. Gott fordert das Vergangene ein), was hier offensichtlich im Sinne von „Gott verlangt, *daß* es Vergangenes *gibt*“ ausgelegt wird.

Über den Autor

Eric Butterworth ist seit über 50 Jahren spiritueller Lehrer und Geistlicher (*minister*) in der nichtkonfessionellen, nicht-sektenmäßigen Unity-Bewegung. Er hat sich eine herausragende Stellung als Kommunikator in einer Bewegung erworben, die sich in erster Linie zum Ziel gesetzt hat, Menschen zu helfen, ihr eigentliches inneres Wesen zu entdekken und „ihr Leben zu ändern, indem sie ihr Denken ändern". Da er schon früh die Wirkungskraft des Radios erkannte, hat er seit 44 Jahren täglich im Rundfunk gesendet. Seine Sendung mit dem passenden Namen „Eric Butterworth spricht" ist über CBS Radio in die meisten größeren Städte in den Vereinigten Staaten ausgestrahlt worden. Eine interessante Facette der Universalität der Botschaft von Eric Butterworth ist, daß er von der mormonischen Kirche eingeladen wurde, eine tägliche Morgenansprache über ihr weltweites Kurzwellen-Radionetz zu halten. Seine Stimme eröffnete die Radiosendungen des Tages als eine Art Segen. Das ging viele Jahre lang so.

Eric Butterworth hat sich schon immer der Aufgabe gewidmet, neue und originelle Wege zu finden, um das zu übermitteln, was er „die neue Einsicht in die Wahrheit" nennt. Er galt und gilt seit langem als einer der führenden kreativen Denker und Redner in der Unity-Bewegung, wenn nicht sogar als *der* führende Denker schlechthin.

Autor von vierzehn Büchern, von denen die meisten immer wieder neu aufgelegt werden; eines von ihnen, *Discover the Power Within You* (erschienen bei Harper & Row), gilt als Klassiker auf dem Gebiet des Neuen Denkens (*New*

Thought). Zusätzlich hat er Hunderte von Artikeln und Essays veröffentlicht. Ein Rezensent sagt, Eric Butterworth sei wahrhaftig ein Emerson des Zwanzigsten Jahrhunderts. Seine Schriften werden in mehreren Sprachen publiziert.

Er spricht jeden Sonntag in der riesigen Halle des Lincoln Centers in New York. Bevor er nach New York kam, war er erfolgreich in Detroit (Michigan), Pittsburgh (Pennsylvania), Rockford (Illinois) und Kansas City (Missouri) tätig und diente in der U.S. Army.

Eric Butterworth wird häufig gefragt, wann er sich zur Ruhe setzen will. Seine Antwort ist immer dieselbe: „Sich zur Ruhe setzen heißt, zurückzugehen, und das Leben wird nur vorwärts gelebt."

Kennen Sie Unity?

Die Unity-Schule des Christentums wurde 1889 von Charles und Myrtle Fillmore in Kansas City, USA, gegründet. Sie ging aus einem Gebetskreis hervor, der sich nach einer Glaubensheilung der todkranken Myrtle Fillmore rasch ausdehnte und aus dessen Mitte unzählige weitere „Wunder"-Heilungen gemeldet wurden – bis auf den heutigen Tag.

UNITY bedeutet Einheit – Einheit von Gott und Mensch. Im Gebet fiel Charles Fillmore dieser Name für die sich schnell auch über die Landesgrenzen ausbreitende Bewegung zu.

UNITY ist praktische Religion, Christentum für den Alltag. Es bedeutet Leben in Gebet und meditativer Versenkung und das Wissen um die ständige Gegenwart Gottes in jeder Situation und an jedem Ort. Es ist aber auch die Grundeinstellung, daß dem, was der Mensch erreichen kann, keine Grenzen gesetzt sind außer denen, die sein eigenes Denken ihm setzt.

UNITY ist ein Weg, dem Menschen zu helfen, sein Denken zu ändern. Auf der Grundlage der Lehren von Jesus Christus und durch metaphysische Bibelinterpretation zeigt die Unity-Schule des Christentums einen Weg zu Selbstvertrauen, Lebensfreude und persönlicher Sinnfindung auf. Dabei geht es Unity nicht darum, neue Dogmen zu schaffen, sondern um eine Weckung des Bewußtseins für die Dynamik des Lebens. Jeder kann diese praktischen Lebensregeln anwenden, was für einer Glaubensgemeinschaft er auch angehört.